Tim A. Veyhelmann

Bankdienstleistungen in interaktiven Medien

Technische Aspekte und eine empirische Akzeptanzuntersuchung

Tim A. Veyhelmann

Bankdienstleistungen in interaktiven Medien

Technische Aspekte und eine empirische Akzeptanzuntersuchung

Diplom.de

Bibliografische Information der Deutschen Nationalbibliothek:

Bibliografische Information der Deutschen Nationalbibliothek: Die Deutsche Bibliothek verzeichnet diese Publikation in der Deutschen Nationalbibliografie; detaillierte bibliografische Daten sind im Internet über http://dnb.d-nb.de/ abrufbar.

Copyright © 1997 Diplomica Verlag GmbH
Druck und Bindung: Books on Demand GmbH, Norderstedt Germany
ISBN: 978-3-8386-0730-6

http://www.diplom.de/e-book/216639/bankdienstleistungen-in-interaktiven-medien

Tim A. Veyhelmann

Bankdienstleistungen in interaktiven Medien
Technische Aspekte und eine empirische Akzeptanzuntersuchung

Diplomarbeit
an der Universität Fridericiana Karlsruhe (TH)
November 1997 Abgabe

Diplomarbeiten **Agentur**
Dipl. Kfm. Dipl. Hdl. Björn Bedey
Dipl. Wi.-Ing. Martin Haschke
und Guido Meyer GbR

Hermannstal 119 k
22119 Hamburg

agentur@diplom.de
www.diplom.de

ID 730
Veyhelmann, Tim A.: Bankdienstleistungen in interaktiven Medien: Technische Aspekte und eine empirische Akzeptanzuntersuchung / Tim A. Veyhelmann –
Hamburg: Diplomarbeiten Agentur, 1998
Zugl.: Karlsruhe, Technische Universität, Diplom, 1997

Dipl. Kfm. Dipl. Hdl. Björn Bedey, Dipl. Wi.-Ing. Martin Haschke & Guido Meyer GbR
Diplomarbeiten Agentur, http://www.diplom.de, Hamburg
Printed in Germany

Diplomarbeiten Agentur

Wissensquellen gewinnbringend nutzen

Qualität, Praxisrelevanz und Aktualität zeichnen unsere Studien aus. Wir bieten Ihnen im Auftrag unserer Autorinnen und Autoren Wirtschafts- studien und wissenschaftliche Abschlussarbeiten – Dissertationen, Diplomarbeiten, Magisterarbeiten, Staatsexamensarbeiten und Studien- arbeiten zum Kauf. Sie wurden an deutschen Universitäten, Fachhoch- schulen, Akademien oder vergleichbaren Institutionen der Europäischen Union geschrieben. Der Notendurchschnitt liegt bei 1,5.

Wettbewerbsvorteile verschaffen – Vergleichen Sie den Preis unserer Studien mit den Honoraren externer Berater. Um dieses Wissen selbst zusammenzutragen, müssten Sie viel Zeit und Geld aufbringen.

http://www.diplom.de bietet Ihnen unser vollständiges Lieferprogramm mit mehreren tausend Studien im Internet. Neben dem Online-Katalog und der Online-Suchmaschine für Ihre Recherche steht Ihnen auch eine Online-Bestellfunktion zur Verfügung. Inhaltliche Zusammenfassungen und Inhaltsverzeichnisse zu jeder Studie sind im Internet einsehbar.

Individueller Service – Gerne senden wir Ihnen auch unseren Papier- katalog zu. Bitte fordern Sie Ihr individuelles Exemplar bei uns an. Für Fragen, Anregungen und individuelle Anfragen stehen wir Ihnen gerne zur Verfügung. Wir freuen uns auf eine gute Zusammenarbeit

Ihr Team der *Diplomarbeiten* Agentur

Dipl. Kfm. Dipl. Hdl. Björn Bedey –
Dipl. Wi.-Ing. Martin Haschke ——
und Guido Meyer GbR ————

Hermannstal 119 k ————
22119 Hamburg ————

Fon: 040 / 655 99 20 ————
Fax: 040 / 655 99 222 ————

agentur@diplom.de ————
www.diplom.de ————

Ich versichere hiermit wahrheitsgemäß, die Arbeit bis auf die dem Aufgabensteller bereits bekannte Hilfe selbständig angefertigt, alle benutzen Hilfsmittel vollständig und genau angegeben und alles kenntlich gemacht zu haben, was aus Arbeiten anderer unverändert oder mit Abänderung entnommen wurde.

Karlsruhe,

1. Einleitung

1.1. Vorwort

Die Bankenwelt befindet sich in einer Phase des Umbruchs. Nach Jahren stetigen Wachstums sind die Geldhäuser einem verstärkten Wettbewerb ausgesetzt. Dies zum einen durch expandierende Direktbanken, aber auch durch die Konkurrenz von sogenannten Non-Banks und Near-Banks, die versuchen Teilbereiche des traditionellen Bankgeschäfts an sich zu reißen. Die Kunden der Geldinstitute werden mit einer Vielzahl neuer interaktiver (elektronischer) Bankdienstleistungen versorgt, doch oftmals ist die gewünschte Akzeptanz dieser Techniken nicht vorhanden. Gründe hierfür können zum einen in der Art der angebotenen Dienstleistung selbst liegen, zum anderen aber auch in der Person des Benutzers.

Vielfach wird jedoch gerade diese virtuelle Zukunft des Bankgeschäfts als große Chance gesehen. Die Einsatzmöglichkeiten von interaktivem Fernsehen, Online Medien und anderer interaktiver Medien sind für die elektronischen Vertriebswege und Kundenbindungsinstrumente eine Herausforderung von ganz neuer Dimension. Sie bieten den Kunden den zeitlich und räumlich unbeschränkten Zugriff zu Dienstleistungen und ermöglichen den Banken den Zugang zum Wohnzimmer.

Diese Arbeit will versuchen auf einige dieser Dienstleistungen und deren Akzeptanz bei den Bankkunden näher einzugehen.

1.2. Gliederung

Im folgenden Kapitel 2 wird auf die einzelnen interaktiven Medien und deren historischen und technischen Grundlagen eingegangen.

Kapitel 3 zeigt anschließend den Einsatz dieser Medien in der Bankenwelt. Auch die bei der Einführung von neuen Bankdienstleistungen häufig diskutierten Sicherheitsaspekte werden aufgegriffen. Eine Einführung in die verschiedenen Verschlüsselungstechniken soll die Sensibilität für diese Problematik herstellen. Einen weiteren Schwerpunkt bildet die Smart Card Technologie, sowie die neu eingeführte GeldKarte und deren technische Grundlagen.

Die empirischen Untersuchung in Kapitel 4 stellt die Ergebnisse einer Konsumentenbefragung von Bankkunden dar. Insbesondere die beiden Dienstleistungen »Überweisungsterminal und GeldKarte« wurden intensiv betrachtet. Hierzu wurde eine konfirmatorische Faktorenanalyse durchgeführt.

Den Abschluß bildet das Kapitel 5, welches eine Zusammenfassung der behandelten Themen und einen Ausblick auf zukünftige Entwicklungen bietet.

2. Interaktive Medien

2.1. Begriffsabgrenzung

Eine einfache Abgrenzung interaktiver Medien erlaubt bereits die Analyse der Bedeutung der Begriffe Interaktion und Medium.

2.1.1. Interaktivität

Der ursprünglich aus dem Bereich der Sozialwissenschaften stammende Begriff Interaktivität (oder Interaktion) bezeichnet „wechselweise Handlung von miteinander in Beziehung stehender Personen" (Bertelsmann (1996)). Im allgemeinen Sprachgebrauch ist damit inzwischen auch die wechselseitige Kommunikation zwischen Computer und Anwender gemeint (vgl. hierzu Böck Bachfischer (1996) S. 15). Interaktivität ermöglicht dem Nutzer, Medien und Informationen gezielt aufzusuchen, in Sie einzugreifen, Sie zu verändern und damit den Ablauf, das Geschehen, nach eigenen Wünschen zu beeinflussen. Individuell beeinflussen lassen sich insbesondere der Zeitpunkt, zu dem die Information genutzt wird, sowie Kombination und Auswahl der Informationen.

Bisherige Medien bieten dem Nutzer überhaupt nicht oder nur auf sehr begrenzte Art und Weise die Möglichkeit, von Ihnen gewünschte Informationen zielgerichtet auszuwählen und zu bearbeiten. Eine sehr einfache Form der Interaktivität in traditionellen Medien war beispielsweise der Blick in das Inhaltsverzeichnis einer Zeitschrift oder in das Stichwortregister eines Buchs. In beiden Fällen handelt der Anwender eigenständig und auswählend. Und gerade diese aktive Beteiligung kennzeichnet interaktive (multimediale) Anwendungen. In Kollmann (1996) ist der Bergriff folgendermaßen definiert:

Interaktivität beschreibt die Möglichkeit des Anwenders, frei von vorgegebenen Optionsmenüs die Programmabläufe zu empfangen, individuell zu steuern und innerhalb einer wechselseitigen kausalen Kommunikation Informationen reflektiv senden zu können. (Kollmann (1996) S. 26)

7

2.1.2. Medium

Im allgemein Sprachgebrauch wird der Begriff »Medium« als „Mittel(glied) und Werbeträger" gesehen (Bertelsmann 1996), wohingegen in der medienwissenschaftichen Diskussion von „Kanal" gesprochen wird (vgl. Böck Bachfischer (1996) S. 8). Bezüglich dieser Auffassung kann man je nach Abgrenzung etwa 15 bis 17 Einzelmedien unterscheiden, dies sind: Theater, Blatt, Brief, Plakat, Buch, Heft(chen), Zeitung, Foto, Telefon, Schallplatte, Hörfunk, Film, Fernsehen, Video, Computer und neue Medien. Diese Einzelmedien lassen sich nach Pross (Pross (1966) zitiert in Böck Bachfischer (1996) S. 8) in folgende drei Klassen einteilen:

- Primär Medien
  Medien und Mittel des „menschlichen Elementarkontakts" ohne Technikeinsatz, z.B. Theater.
- Sekundäre Medien
  Mit Technikeinsatz auf der Produktionsseite, z.B. Zeitung.
- Tertiäre Medien
  Mit Technikeinsatz auf Produktions- und Gebrauchsebene, z.B. Fernsehen.

Eine andere mögliche Unterteilung ist die Unterscheidung in klassische und neue Medien wie sie in Swoboda (1995) vorgenommen wird. Zu den »Klassischen Medien« werden hierbei beispielsweise die Printmedien gezählt, wohingegen die »Neuen Medien« durch die Verwendung von technologischen Neuerungen bei der Übertragung, Speicherung und Nutzung charakterisiert sind (vgl. Swoboda (1995) S. 7f). Eine vereinfachte Darstellung dieser Zusammenhänge zeigt Abbildung 1. Es werden darin die klassischen Medien (auf die im folgenden nicht näher eingegangen wird) und neuen Medien unterschieden. Bei den neuen Medien wird eine Unterscheidung zwischen linearen Medien und interaktiven Medien vorgenommen, die wiederum jeweils in Übertragungs- und Speichermedien unterteilt werden. Nebengeordnet sind die technischen Medien der Bürokommunikation.

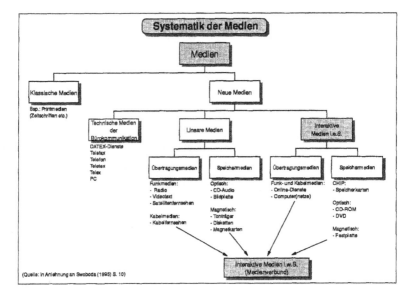

Abb. 1:   Systematik der Medien

Die linearen Medien sind gekennzeichnet durch einen sequenziellen Zugriff auf die verfügbaren Informationen. Bei den dort verwendeten Speichermedien ist zwar teilweise ein wahlfreier Zugriff möglich, jedoch wird die Information in der Regel sequenziell „konsumiert"[1].

Die eigentlichen interaktiven Medien sind Computer und deren Kommunikationsnetze, in Kombination mit den dazugehörigen Speichermedien. Der interaktive, wahlfrei Zugriff kennzeichnet diese »Interaktiven Medien im engeren Sinne«.

Weiterhin läßt sich interaktive Kommunikation durch Verknüpfung von linearen und interaktiven Medien i.e.S. realisieren. Dies führt zu einem Medienverbund, den man als »Interaktive Medien im weiteren Sinne« charakterisieren kann.

Der nachfolgende Absatz gibt einige ausgewählte Definitionen des Begriffs »Interaktiven Medien« wieder.

---

[1] Auf den Beginn eines Musikstück einer Audio-CD kann zwar wahlfrei zugegriffen werden, der „Konsum" erfolgt jedoch sequenziell.

9

2.1.3. Interaktive Medien

Der Begriff interaktive Medien wird in einer Vielzahl von verschiedenen Definitionen verwendet. Grundsätzlich lassen sich jedoch zwei Definitionsansätze unterscheiden (vgl. Böck Bachfischer (1996) S. 35):

Beschreibung durch Bezugnahme auf die Interaktion:

* *Es handelt sich dann um interaktive Medien, wenn zwischen dem Nutzer und dem Medium ein Interaktions-Prozeß stattfindet, bei dem das Medium auf die gezielten Fragen oder Befehle des Nutzers eine spezifische Antwort oder Reaktion zeigt, [...]*
  (Burda Anzeigen-Marktforschung (1995) S. 86)

* *[...] das aufeinander bezogene Handeln mehrerer Personen. In Verbindung mit den neuen, multimedialen Technologien wird zudem die Kommunikation zwischen Mensch und Maschine [...] als Interaktivität bezeichnet.*
  (Fink / Meyer / Wamser (1995) S. 470)

* *Der Mediennutzer muß die Möglichkeit haben, selbst ohne wesentlichen Zeitverzug ein Mindestmaß an Informationen an das computergestützte System zurückzumelden, so daß er nicht mehr nur die Rolle eines passiven Empfängers übernehmen, sondern selbst die ausgetauschten Informationen und den Informationszeitpunkt innerhalb bestimmter Grenzen beeinflussen kann.*
  (Gerpott (1996) S. 15)

Beschreibung der technischen Voraussetzungen:

* *[...] die Integration von Text, Grafik, Klang (»Sound«), Video und Animation [...]*
  (Bernskötter (1995) S. 372)

* *Gemeinsames und neues Kriterium der interaktiven Medien ist die Digitalisierung der Information [...]. Damit ist die Information unabhängig von einem bestimmten Trägermedium verfügbar [...]*
  (Steinbrink, B. zitiert in Böck Bachfischer (1996) S. 35)

Aus den obigen Aussagen wird deutlich, daß es sich anbietet, die interaktiven Medien nach dem Grad bzw. Level ihrer Interaktivität zu unterscheiden.

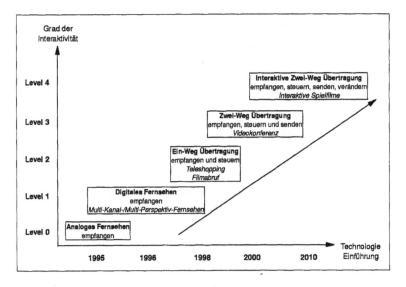

Abb. 2:   Die Entwicklung des »interaktiven Fernsehens«
(Quelle: In Anlehnung an Kollmann (1996) S. 27)

In der Literatur wird zur Erläuterung häufig die Evolution des Fernsehens, vom klassi-schen analogen Fernsehen hin zum interaktiven Fernsehen, dargestellt (vgl. Böck Bachfi-scher (1996) S. 36f; Kollmann (1996) S. 27f). Es lassen sich demnach in der Entwick-lung fünf Level der Interaktivität unterscheiden:

Level 0:   An-/Ausschalten des Gerätes und Programmwechsel. Dies entspricht dem gegenwärtigen Stand der analogen Fernsehtechnik.

Level 1:   Durch die Digitalisierung besteht die Möglichkeit aus mehreren ausgestrahlten Kanälen auszuwählen. (Multi-Kanal- / Multi-Perspektiv Fernsehen[2])

Level 2:   Der Zuschaucr hat die Möglichkeit durch vorgegebene Optionsmenüs die vorhandenen Programmabläufe zu steuern und indirekt zu beeinflussen. Das Telefon wird hierbei als Rückkanal verwendet.

---

[2] Das digitale Fernsehen »DF1« der Kirch-Gruppe bietet beispielsweise dem Zuschauer die Möglichkeit, bei der Übertragung von Formel 1 Rennen, zwischen verschiedenen Kameraeinstellungen auszuwählen (vgl.: http://www.df1.de/).

Level 3:   Der Zuschauer wird zum Sender und kann den Programmablauf direkt und individuell beeinflussen, indem er durch seine Wünsche selbst „Programm" macht.

Level 4:   Der Zuschauer hat zusätzlich zu Level 3 die Möglichkeit das Programm zu erstellen und zu verändern. Der Nutzer wird somit frei von vorgefertigten Abläufen und kann Inhalte selbst bestimmen. Dies ist die höchste Stufe der Interaktivität.

Die Angebote bis einschließlich Level 2 bieten noch keine (echte) Interaktivität, da die Programme lediglich unidirektional von einem Sender an viele Empfänger geleitet werden. Selbst die Möglichkeit in Level 2 den Zeitpunkt der Übertragung selbst zu bestimmen, begründet noch keine „echte Interaktivität".

In Level 3 kann der Benutzer erstmalig „sein" Programm bestimmen. Durch diese „echte Interaktivität" kann er in die Gestaltung eingreifen.

Auf Level 4 schließlich wird der Benutzer selbst zum Gestalter des Programms. Erst auf diesem Level ist die „vollkommene Interaktivität" erreicht.

2.2. Online Medien

2.2.1. Online-Dienste

Online-Dienste sind Informationsanbieter, die den Zugang zu einem Netzwerk ermögli-chen. Die bekanntesten Online-Dienste in Deutschland sind AOL, CompuServe, MSN und T-Online. Manche Online-Dienste bieten ein eigenes Informationsangebot (z.b. elektronische Ausgaben von gedruckten Zeitschriften, Online-Datenbanken, Homebanking) andere stellen nur die Technologie zur Verfügung, um E-Mails zu verschicken, News-groups zu lesen und Internet-Informationen abrufen zu können. Der Zugang zum Netz-werk des Online-Dienstes geschieht mittels Modem[3] oder ISDN-Adapter[4], mit dem der nächstgelegene Einwahlknoten angewählt werden muß. Die Online-Dienste unterschei-den sich darin, wie dicht dieses Netz der Einwahlknoten geknüpft ist und welche maxi-male Datenübertragungsrate möglich ist. Im ungünstigsten Fall sind nur langsame Modems (nicht mehr als 9.600 Bit/s) außerhalb der eigenen Ortszone erreichbar. Mo-mentan ist ein deutlicher Trend zum Internet[5] und dessen Technologien erkennbar. Alle Online-Dienste bieten einen Übergang ins Internet und erweitern somit ihr Informations-angebot. Die Online-Dienste werden zukünftig sogar ihre eigenen Angebote auf das In-ternet ausweiten, beispielsweise hat T-Online einen Netscape-Plug-in entwickelt, mit dem T-Online Angebote die für KIT[6] erstellt wurden, mit jedem Internet-Browser[7] dar-stellbar sind (vgl. Brenken / Kuhlmann (1997) S. 132).

---

[3] Der Modem (Modulator / Demodulator; ugs. meist: Das Modem) ist ein Gerät, das digitale Signale aus dem Computer in analoge Signale für das normale (analoge) Telefonnetz umsetzt und umgekehrt.
[4] Externes Gerät oder Steckkarte für einen Computer, zur Anbindung an eine ISDN-Datenübertragungsleitung.
[5] Ein kooperativ betriebenes, weltweit verteiltes und unkontrolliertes System aus miteinander verbundenen Netzwerken, das Informationen auf Basis des TCP/IP-Protokoll austauscht.
[6] Kernsoftware für intelligente Terminals ist eine grafische Benutzeroberfläche für den Online-Dienst T-Online.
[7] Ein Programm zur Informationsdarstellung und Navigation in Informationsräumen, speziell im World Wide Web ein Programm, das HTML-Dokumente interpretiert und darstellt (to browse = sich umsehen).

2.2.1.1. AOL

America Online[8] existiert seit Ende 1995 in Deutschland. AOL betreut mehr als 300.000 Kunden in Deutschland (vgl. Brenken / Kuhlmann (1997) S. 127; Wilde (1997)) und über 5 Millionen Mitgliedern (März 1996) weltweit. Die monatliche Grundgebühr beläuft sich z.Z. auf 9,90 DM inklusive zwei freien Online-Stunden. Jede weitere Online-Minute kostet 10 Pfennig.

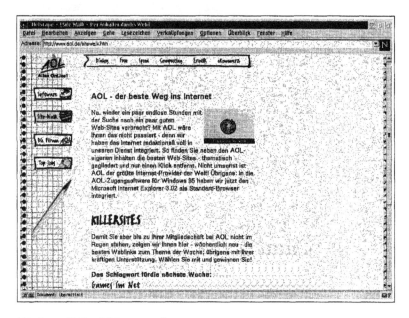

Abb. 3:   AOL WWW-Homepage[9]

AOL bildet in Deutschland eine Firmengemeinschaft mit der Bertelsmann AG (AOL Bertelsmann Online) und bietet hier alle auf dem amerikanischen AOL befindlichen nationalen und internationalen Angebote (z.B. Nachrichtenforen, Sportnachrichten, Urlaubsinformationen, People Connection), E-Mail[10] sowie einen Internet-Zugang. Die über 75

---

[8] http://www.aol.de/
[9] Haupt- bzw. Leitseite eines Benutzers oder einer Firma im World Wide Web.
[10] Electronic Mail (dt.: Elektronische Post) ist ein klassischer Netzwerkdienst. Mit einer E-Mail kann grundsätzlich jede Form der computerisierten Information (Text, Grafik, Dateien, usw.) über ein

lokalen Zugangsknoten bieten Übertragungsraten von 33.600 Bit/s[11] (analog) und 64.000 Bit/s (ISDN). Bei der Software besteht eine Kooperation mit Microsoft, dessen Internet Explorer den AOL-Kunden zur Verfügung gestellt wird.

AOL ist zur Zeit der größte kommerzielle Online-Dienst der Welt. Auch in Deutschland hat AOL sich hohe Ziele gesteckt: Anvisiert wird die Position des Marktführers. Die Mitgliederzahl soll im Jahre 2000 in Europa bereits bei 1 Millionen liegen. Zusätzlich plant AOL für diesen Dienst den Aufbau eines eigenen Netzes. Damit wäre AOL unabhängig von der technischen Struktur der Deutschen Telekom. AOL bietet für interessierte Benutzer 10 Stunden kostenlosen Test. Die Software (Windows, Macintosh) integriert die Modemauswahl und eine eigene AOL-Zugangssoftware. Nach den persönlichen Angaben muß man die Zahlungsweise wählen (Visa, MasterCard, Bankeinzug). Benutzername (Login) und Kennwort dürfen selbst bestimmt werden. Nahezu die gesamte Benutzerführung ist deutsch, allerdings sind nicht alle Texte (z.B. Hilfetexte) übersetzt. Eine umfangreiche Kindersicherung ist in den Chat-Räumen enthalten. Dort kann man sich online mit anderen AOL-Benutzern unterhalten (es gibt eigene deutsche oder auch die amerikanischen Chat-Foren).

2.2.1.2. Compuserve

Der Nordamerikanischer Online-Dienst Compuserve[12], mit Sitz in Columbus (Ohio), wurde im Jahre 1969 gegründet. Das Unternehmen gehört mit ca. 4,5 Millionen Teilnehmern weltweit, davon knapp 270.000 in Deutschland (vgl. Brenken / Kuhlmann (1997) S. 128), zu den größten kommerziellen Online-Diensten. Um Verbindung aufzunehmen, wählt man sich mit der Compuserve Software CIM (aktuelle Version 3.0) in einen der Compuserve-Netzknoten ein. Diese Knoten sind über eine Standleitung oder Satellit mit der Zentrale in Columbus verbunden. Damit wird jedesmal eine direkte Verbindung mit dem Netzwerk-Hauptcomputer von CompuServe hergestellt.

Die Benutzerkennungen bestehen aus zwei Ziffernfolgen, die durch ein Komma getrennt werden, z.B. 123456,1234. Gleichzeitig können bei CompuServe über 8.500 Benutzer online sein. In Deutschland stehen zur Zeit 12 Einwahlknoten (vgl. Wilde (1997))

Netzwerk von Computer zu Computer geschickt werden.
[11] Bit pro Sekunde ist ein Maß für die Datenübertragungsgeschwindigkeit.
[12] http://www.compuserve.de/

in den folgenden Städten zur Verfügung: Berlin, Dortmund, Düsseldorf, Frankfurt, Hamburg, Hannover, Karlsruhe, Köln, Mannheim, München, Nürnberg und Stuttgart. Eine Einwahl über Datex-P und Datex-J ist flächendeckend möglich (allerdings mit zusätzlichen Kosten zwischen 15 und 56 DM stündlich verbunden). Zu den analogen Zugangsknoten wird eine Datenübertragungsgeschwindigkeit von 28.800 Bit/s geboten. Im Moment gibt es drei ISDN-Einwahlknoten in Frankfurt, Hannover und München.

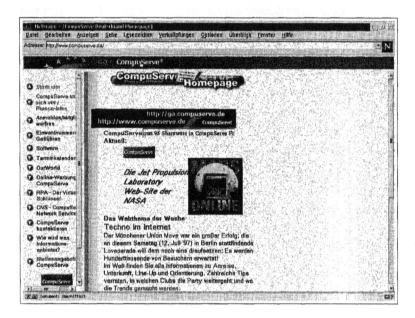

Abb. 4:   Compuserve WWW-Homepage

Compuserve bietet im eigenen Angebot Zugriff auf eine Vielfalt von bereits aufbereiteten Informationen, die allerdings überwiegend aus dem englischsprachigen Raum stammen: Aktuelle Nachrichten von Agenturen wie dpa, Associated Press, Reuters, Informationen aus Nachschlagewerken wie der elektronischen Version von Grolier's Academic American Encyclopedia oder dem Bertelsmann Lexikon. Aktuelle Wetterkarten aus allen Teilen der Welt können aufgerufen werden, dazu die passenden Satellitenfotos. Zur Reiseplanung steht das Buchungssystem der American Airlines zur Verfügung und ein elektronisches Einkaufszentrum ist rund um die Uhr bereit, Bestellungen entge-genzunehmen. Zahlreiche (Wirtschafts-)Datenbanken wie Hoppenstedt oder Creditre-form halten ebenfalls Informationen bereit. Diese gehören in der Regel allerdings zu den sogenannten Premium-Diensten, unterliegen damit einem gesonderten Tarif, gegebenen-falls auch noch einer sogenannten Dokumentengebühr. Dies bedeutet, daß der Nutzer zusätzlich noch eine Gebühr für jede abgerufene Seite zu entrichten hat (die z.b. 8 $ be-tragen kann). Außerdem werden Foren angeboten. Jedes Forum hält Informationen zu einem bestimmten Themenbereich vor. So gibt es z.b. das Spiegel-Forum oder das Sports-Forum. Aus der alten Bezeichnung für Foren ist dies noch klarer ersichtlich: SIG für Special Interest Group. In einem Forum lassen sich Meinungen mit anderen Forums-mitgliedern austauschen und Informationen abrufen. Jedes Forum hat als Kennung eine Kurzbezeichnung. Um ein Forum zu betreten, ist im CIM der Befehl GO (Gehe) sowie die Kurzbezeichnung des Forums einzugeben. Schließlich gibt es noch Online-Unterhal-tung mit anderen Compuserve-Benutzern (CB-Simulator), E-Mail und einen vollwerti-gen Internet-Zugang. Die monatliche Grundgebühr im Normaltarif beträgt 19,95 DM (inklusive fünf Freistunden, jede weitere Stunde kostet 4,95 DM) und umfaßt die ver-schiedenen Basisdienste, unter anderem E-Mail. Beim Super-Preisplan beträgt die mo-natliche Grundgebühr 49,95 DM, die bereits 20 Online-Freistunden enthält, zusätzliche Online-Stunden kosten jeweils 3,50 DM. Weitere Gebühren können für Premium-Dien-ste und in Form von Kommunikationszuschlägen für die Einwahl über fremde Zugangs-netze anfallen, in Deutschland also Datex-J und Datex-P. Neben diesen Kosten sind zusätzlich noch die eigentlichen Telefongebühren zu entrichten, die Online-Zeit der ge-genwärtigen Sitzung wird vom CIM ständig eingeblendet. Mit Cyberpatrol bietet Com-puserve die Möglichkeit, den Zugriff auf bestimmte WWW-Seiten und Nachrichtenforen im usenet zu unterbinden und damit die Möglichkeit einer Kindersicherung. Wer die CompuServe-Dienstleistungen nicht benötigt, sondern Compuserve nur als Internet-Pro-vider benutzen will, kann sich auf den Compuserve-Service Sprynet beschränken.

2.2.1.3. MSN

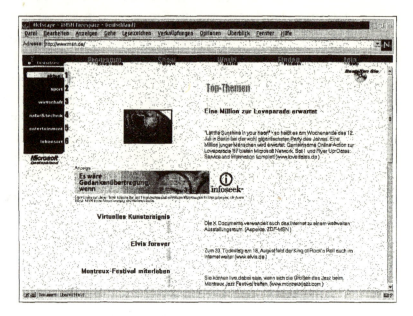

Abb. 5: Microsoft Network WWW-Homepage

Microsoft Network[13] ist ein mit der Markteinführung (September 1995) des Betriebsy-
stems Windows 95 von Microsoft gestarteter Online-Dienst. Die monatlichen Kosten be-
tragen 14,50 DM inklusive zwei Freistunden, jede weitere Stunde kostet 7,50 DM. Die
Teilnehmerzahl von MSN wird weltweit auf rund eine Millionen (vgl. Brenken / Kuhlmann (1997) S. 130), in ganz Europa auf lediglich 200.000 geschätzt (vgl. Wilde (1997))
geschätzt. Dies mag damit zusammenhängen, daß MSN derzeit nur für Windows 95 Anwender zugänglich ist und somit einer Vielzahl von Nutzern der Zugang unmöglich ist.
Die deutschsprachigen, redaktionell betreuten Angebote sind noch nicht so zahlreich vorhanden (Stand: Juni 1997), jedoch bietet MSN einen leistungsfähigen Internetzugang.
MSN kooperiert mit der Deutschen Telekom und dem Internet-Provider EUNET ·und

---

[13] http://www.msn.de/

18

nutzt deren Einwahlpunkte und Netzstruktur. MSN verfügt hierdurch über mehr als 70 Einwahlknoten in ganz Deutschland (vgl. Brenken / Kuhlmann (1997) S. 130).

2.2.1.4. T-Online

T-Online[14] (früher BTX, dann Datex-J) ist der Online-Dienst der Deutschen Telekom mit über 1,4 Millionen Benutzern (vgl. Wilde (1997)).

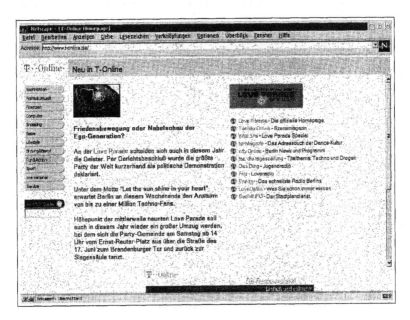

Abb. 6:   T-Online WWW-Homepage

Nachdem es lange Zeit so ausgesehen hatte, als ob die Online-Dienste der Deutschen Telekom vom Markt nicht angenommen würde, scheint nun der große Durchbruch gelungen zu sein. Im Moment ist T-Online der größte Online-Dienst in Deutschland und kann monatlich über 30.000 neue Nutzer verbuchen. Ein Viertel aller T-Online-Verbindungen sind ISDN-Verbindungen. T-Online ist als einziger Online-Dienst flächendeckend (ca. 220 Einwahlknoten) zum Ortstarif sowohl über das analoge Festnetz

---

[14] http://www.t-online.de/

(Datenübertragungsrate 14.400 bis 28.800 Bit/s) als auch über ISDN[15] (64.000 Bit/s) erreichbar. Zusätzlich zu den Telefon-Verbindungskosten (Ortstarif) werden folgende Gebühren erhoben:

- 8 DM Grundentgelt im Monat.
- von 18.00 - 08.00 Uhr: 2 Pfennige pro Minute.
- werktags von 08.00 Uhr - 18.00 Uhr: 6 Pfennige pro Minute (an Wochenenden und Feiertagen gilt der günstige Zeittakt von 2 Pfennige pro Minute).
- bei Verwendung von Btx plus: zusätzlich 7 Pfennige pro Minute.
- bei Verwendung von Internet zusätzlich 10 Pfennige pro Minute.
- bei Verwendung von E-Mail zusätzlich 10 Pfennige pro Minute.

Weiterhin besteht für Anbieter die Möglichkeit den Abruf von Seiten ihres Angebots mit einer Gebühr zu belegen. Der Nutzer zahlt somit beispielsweise für jede abgerufene Seite bei einer Online-Datenbank. Für die Bereitstellung von T-Online wird eine einmalige Anschlußgebühr von 50 DM erhoben. Diese Gebühr wird oft von kommerziellen Anbietern (z.B. 1&1) oder Banken übernommen.

Das WWW-Gateway ist seit Anfang Juli 1997, mit Einführung der T-Online Software 2.0, verändert worden. Kunden die diese neue Softwareversion einsetzen, haben seitdem die Möglichkeit, sich über schnelle PPP[16]-Zugänge „direkt" ins Internet einzuwählen (vgl. Brenken / Kuhlmann (1997) S. 132). Zudem sind hierdurch die Zusatzgebühren für die Internetnutzung weggefallen. Es wird ein einheitlicher Preis von acht Pfennig pro Minute in der Zeit von 08.00 - 18.00 Uhr und fünf Pfennig zu anderen Zeiten erhoben[17]. Bei Nutzung der „alten" Software bleiben die Gebühren unverändert.

---

[15] Integrated Services Digital Network. Digitales Telefonnetz mit einer maximalen Übertragungsgeschwindigkeit von 64.000 Bit/s pro Kanal.
[16] Point to Point Protocol ist ein Protokoll, das die IP-Protokollfamilie so kapselt, daß sie über serielle Verbindungen (z.B. Modem) verwendbar wird.
[17] vgl.: http://www.t-online.de/

2.2.2. Internet

Häufig wird das Internet als das „Netz der Netze" bezeichnet, obwohl der Boom dieses Computernetzes in den letzten Jahren hauptsächlich auf der Entwicklung des Internetdienstes „World Wide Web" zurückzuführen ist. Das WWW ist zwar nur ein Internetdienst von vielen, jedoch hat dieser vornehmlich zur einfachen Nutzung des Internet, auch für „unerfahrenen" Computernutzer, beigetragen.

Die Wiege des Internet liegt in einem militärischen Projekt zur Erforschung von Computervernetzung in den späten 60er Jahren (vgl. Scheller / Boden / Geenen / Kampermann (1994) S. 5f). Mit der Durchführung diese Projekts war die ARPA[18], eine Abteilung des amerikanischen Verteidigungsministerium, betraut. Ziel war es dezentrale und ausfalltolerante Computer-Kommunikationssysteme zu entwickeln. Ende 1969 waren die ersten Erfolge zu verzeichnen und das ARPANET war geboren. Die ersten Dienste waren Telnet[19] und FTP[20], die bis in die heutige Zeit weiterentwickelt und genutzt werden. Etwas später (1971) kam E-Mail hinzu, obwohl dieser interpersonelle Nachrichtenaustausch ursprünglich gar nicht geplant war (vgl. Scheller / Boden / Geenen / Kampermann (1994) S. 8). Das ARPANET war jedoch nicht rein militärisch, sondern bot Wissenschaftlern ebenfalls die Möglichkeit zu kommunizieren. Zu Beginn der 80er Jahre wurde dann der militärische Teil des ARPANET in das MILNET ausgegliedert. Im Jahre 1983 kam der Begriff „INTERNET" für das auf TCP/IP basierende ARPANET und die angeschlossenen Netze in Mode. Die nächsten Entwicklungsschritte waren die Einführung des Gopher[21]-Dienstes (Anfang 1991), die Veröffentlichung der zeilenorientierten WWW-Software (Juli 1992) und schließlich die Vorstellung des WWW-Browsers Mosaic[22] (Januar 1993) (vgl. Scheller / Boden / Geenen / Kampermann (1994)).

Die Zahl der Internet-Nutzer läßt sich aufgrund der dezentralen Struktur nur schätzen. Die Angaben schwanken zwischen 35 und 50 Millionen Nutzern[23] weltweit. In

---

[18] Advanced Research Projects Agency; ab 1972 Defence ARPA (DARPA).
[19] Dienst, Protokoll und Programm zur Realisierung verteilten Arbeitens mit virtuellen Terminals, über die der Fernzugang zu Rechnern möglich ist.
[20] File Transfer Protokoll ist ein Protokoll für den Austausch von Dateien zwischen zwei Rechnern. Mit dem Begriff sind auch der Internetdienst und die Programme zur Realisierung bezeichnet.
[21] Dienst, Protokoll und Programm zur menügesteuerten Erkundung von Internet-Ressourcen.
[22] Einer der ersten verfügbaren WWW-Browser. Entwickelt wurde er vom NCSA.
[23] vgl. Böck Bachfischer (1996) S. 44; Decker / Klein / Wartenberg (1995) S. 469; Mediamark Research Inc. (http://www.mediamark.com/); IntelliQuest (http://www.intelliquest.com/); Hoffman/Novak (http://www2000.ogsm.vanderbilt.edu/).

Deutschland gibt es wahrscheinlich mehr als 3 Millionen Nutzer. Während die Anzahl der Hosts[24], Domains[25] oder WWW-Sites im Internet mit entsprechenden Programmen relativ genau online festgestellt werden kann, gibt es aktuell kein derartiges Verfahren zum Zählen der Internet-Nutzer. Die einzige Alternative sind konventionelle demoskopische Erhebungen mittels repräsentativer Befragungen, Telefoninterviews etc.. Vor allem in den USA gibt es eine ganze Reihe derartiger Erhebungen über die Anzahl der Internet-Nutzer. Die daraus resultierenden Daten sind aber alles andere als zuverlässig, obwohl sie aus seriösen Quellen stammen und mit großem Aufwand nach wissenschaftlichen Methoden erhoben wurden. Das Kardinalproblem ist die Fragestellung: Was genau ist ein Internet-Nutzer?

Die meisten Erhebungen determinieren als Internet-Nutzer jeden Menschen, der theoretisch einen Zugang zum Internet hat. Das ist insofern unsinnig, als ein großer Teil dieser Menschen von der Zugangsmöglichkeit praktisch keinen Gebrauch macht:

- Etwa ein Drittel aller Internet-Nutzer sind Studenten, die mehrheitlich einen kostenlosen Internetzugang von ihren Universitäten bekommen. Fortan gelten sie als Nutzer, auch wenn sie den Zugang selten oder nie nutzen.
- In den letzten Jahren sind alle großen Online-Dienste zu Internet-Providern geworden. Allein CompuServe und AOL haben auf diese Weise mehr als 10 Millionen Nutzern ihrer Dienste einen Internetzugang verschafft. Ein erheblicher Teil davon nutzt nur den Online-Dienst selbst, etwa für Telebanking oder Wirtschaftsinformationen, macht aber keinen Gebrauch vom Internet-Gateway. Trotzdem erscheinen alle Nutzer von Online-Diensten als Internet-Nutzer in den Statistiken.

Ein etwas realistischerer Ansatz berücksichtigt nur Nutzer, die regelmäßig ihre E-Mail prüfen. Allerdings haben aktuell nur etwa die Hälfte aller E-Mail-Nutzer auch Zugang zum WWW oder zu anderen Diensten des Internet. Weniger euphorische, aber glaubhaftere Daten basieren auf der Fragestellung, wer regelmäßig das WWW, das Usenet[26] oder FTP nutzt. Die Ergebnisse dieser Befragungen scheinen stark abhängig von der

---

[24] Bezeichnung für einen Computer im Internet.
[25] Symbolische Verzeichnisstruktur für die Adressierung von Computern im Internet.
[26] User Network ist die Menge der Systeme, die miteinander USENET-Nachrichten (NetNews) austauschen.

konkreten Formulierung der Fragen und der angewandten Methodik zu sein. Hinzu kommt die praktische Unmöglichkeit, eine derartige Erhebung global durchzuführen. Alle bislang veröffentlichten Statistiken basieren auf Erhebungen in den USA bzw. in Nordamerika.

Die bekannten globalen Statistiken sind lediglich Hochrechnungen der US-Daten, zumeist in Relation zum Verbreitungsgrad von PCs und/oder zur Anzahl der Hosts in den verschiedenen Ländern. Da sich aber beispielsweise das Nutzungsverhalten in Japan anzunehmenderweise erheblich vom Nutzungsverhalten in Deutschland unterscheidet, sind diese globalen Zahlen mehr oder minder spekulativ.

Aussagekräftiger ist, wie bereits erwähnt, der Zuwachs der an das Internet angeschlossenen Rechner. Die folgende Abbildung zeigt dies für Deutschland und Europa.

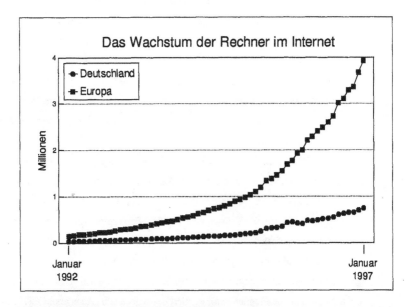

Abb. 7: Das Wachstum der Rechner im Internet
(Quelle: In Anlehnung an DE-NIC[27])

---

[27] Deutsches Network Information Center (http://www.nic.de/)

2.2.2.1. Dienste

Das Internet bietet eine Vielzahl verschiedener Dienste, auf die im folgenden kurz eingegangen wird. Die historische Trennung dieser Dienste wird durch die Entwicklung der
Internet-Browser immer mehr aufgehoben. Der „normale" Nutzer benötigt in der Regel
nur noch einen solchen Browser, um die wichtigsten Dienste nutzen zu können. Die aktuelle Version des Netscape Communicators enthält beispielsweise einen WWW-
Browser, ein E-Mail Programm, einen Newsgroup-Client und einen Editor zum erstellen
eigner WWW-Seiten. Neu in dieser Version 4 ist zudem die sogenannte „Push-Technolo-
gie",die es einem Anbieter ermöglicht fortlaufend aktualisierte WWW-Inhalte an einen
Nutzer zu senden. Dies könnten zum Beispiel aktuelle Nachrichten sein. Diese Technologie beruht jedoch einfach darauf, daß der Client fortwährend bei dem Server anfragt, ob
neue Inhalte vorhanden sind. Manche WWW-Kenner befürchten daher eine stark an-
wachsende Netzbelastung, wenn sich diese Technologie durchsetzt.

Ein klassischer Netzdienst ist **Telnet**, durch den der Nutzer die Möglichkeit erhält, auf
einem entfernten Rechner „über das Netzwerk" zu arbeiten, als ob er vor diesem Rechner
säße. Nützlich ist dies bei der Fernbedienung von Rechnern und bei der Nutzung von
fremden Angeboten, wie beispielsweise Datenbankabfragen oder elektronischen
Bibliothekskatalogen.

Der **FTP** Dienst bietet die Möglichkeit, Dateien von einem Computer auf einen anderen über ein Netzwerk zu übertragen. Will man eine Datei übertragen oder empfangen,
so startet man ein FTP-Clientprogramm, mit dem man sich in dem gewünschten Rechner
einwählt. Auf dem Zielrechner wird ein FTP-Serverprogramm gestartet und nach der
Verbindungsaufnahme können die Dateien übertragen werden. In der Regel benötigt man
jedoch ein Paßwort um sich in „fremde" Rechner einwählen zu können. Da aber oftmals
der Wunsch besteht bestimmte Dateien öffentlich zugänglich zu machen (z.B. Fehlerbe-
richtigungen von Programmen), existiert das sogenannte „Anonymous FTP". Der Nutzer
kann sich hierbei „anonym" einwählen[28] und hat dann Zugriff auf bestimmte öffentliche
Dateibereiche.

---

[28] Als Login-Name wird hierbei i.d.R. „anonymous" verwendet und als Paßwort wird die
E-Mail-Adresse des Nutzers abgefragt.

Electronic Mail (E-Mail) ermöglicht den Austausch von Nachrichten über elektronische Netzwerke. Dieses Versenden ist nicht auf das Internet beschränkt, da sogenannte „gateways" in andere Netze (z.B. Compuserve) bestehen. Das Versenden einer E-Mail verläuft analog zum verschicken eines Briefes in der realen Welt. Der Absender erstellt die zu sendende Nachricht mit einem Editor, anschließend vermerkt er die E-Mail Adresse des Empfängers auf dem „Brief" und letztendlich sendet er sie an den Empfänger. Nach dem drücken der „Sende"-Taste im E-Mail-Programm wird die E-Mail über das Netzwerk zum Empfänger „gesandt". Der Absender muß sich hierbei, wie bei „realen" Briefen, keine Gedanken über den Versandweg machen. Die Wegewahl wird durch das Transportsystem übernommen. Zu Beginn waren die zu versendeten Nachrichten auf reine Textzeichen (7-Bit-ASCII[29]) beschränkt. Auch heute existieren noch vereinzelt Netzrechner die mit der Weiterleitung von E-Mail, die Umlaute und bestimmte Sonderzeichen enthalten, Probleme haben. Dieses Schwierigkeiten wurde durch das MIME-Protokoll[30] beseitigt (vgl. Scheller / Boden / Geenen / Kampermann (1994) S. 82f). Hierdurch ist es möglich Grafiken, Audiodaten, Videosequenzen etc. in die E-Mail „eingebettet" zu übertragen.

Ein weiterer Dienst ist **Usenet**, der oft auch als Netnews bzw. News bezeichnet wird. Es handelt sich hierbei um ein „weltweites, nicht interaktives Konferenzsystem" (Scheller / Boden / Geenen / Kampermann (1994) S. 103), daß mit einem „schwarzen Brett" in der realen Welt vergleichbar ist. Der Nutzer hat die Möglichkeit Nachrichten bzw. Artikel zu lesen und diese zu kommentieren oder eigene Artikel „auszuhängen". Diese Artikel sind dann weltweit verfügbar, wobei oftmals das Internet als Transportmedium eingesetzt wird[31]. Um die Artikel nach Themen zu organisieren, existieren verschiedene sogenannte „Newsgroups" (Nachrichtengruppen). Diese Gruppen sind hierarchisch nach Themen gegliedert und umfassen Bereiche wie Computer (comp) oder Hobby und Freizeit (rec)[32]. Ein Beispiel für eine solche Gruppe ist „de.comp.os.os2.misc", worin allgemeine (misc)

---

[29] American Standard Code for Information Interchange.
[30] Multipurpose Internet Mail Extensions war ursprünglich eine Erweiterung für E-Mail-Systeme, um multimediale Inhalte übertragen zu können. Im World Wide Web wird es verwendet, um unterschiedliche Dateiformate mit WWW-Browsern zu erkennen und korrekt darzustellen zu können.
[31] „Entgegen der weitläufigen Meinung handelt es sich beim Usenet nicht um einen Teil des Internet." (Scheller / Boden / Geenen / Kampermann (1994) S. 103)
[32] Die Abkürzung rec steht für „recreation" (dt.: Erholung).

Themen zum Betriebssystem (os) OS/2 (os2) diskutiert werden. Es handelt sich hierbei um eine deutschsprachige (de) Computergruppe (comp).

Den „Premiumdienst" des Internet stellt derzeit das **World Wide Web** dar. Das WWW ist der am schnellsten wachsende und wohl auch zukunftsweisendste Internetdienst. Entwickelt wurde er Anfang 1989 am CERN, dem Europäischen Zentrum für Teilchenphysik bei Genf (Scheller / Boden / Geenen / Kampermann (1994) S. 259). Erste Prototypen eines WWW-Systems waren Ende 1990 entwickelt und im Mai 1991 wurde das Basismodell vorgestellt. Der Erfolg des WWW beruht hauptsächlich auf den beiden verwendeten Technologien, nämlich dem Hypertext-Modell und dem URL[33]-Standard (vgl. Scheller / Boden / Geenen / Kampermann (1994) S. 261f).

Hypertext bietet die Möglichkeit Informationsverknüpfungen als ein Netz von Knoten darzustellen. Der Nutzer hat hierbei die Möglichkeit sich „frei" zwischen den Knoten zu bewegen. Vergleichen läßt sich dies mit Verweisen, Fußnoten oder Glossareinträgen in einem „normalen" Informationstext. Zusätzliche Erläuterungen zu bestimmten Sachverhalten findet der Leser dabei in der Fußnote[34] oder dem Glossar. Im (elektronischen) Hypertext besteht nun die Möglichkeit solche Verbindungen (Links) durch einen Mausklick auf das entsprechende Wort aufzurufen. Dieser Link kann dann auf eine Stelle im aktuellen Dokument verweisen oder auf eine Stelle in einem völlig anderen Dokument, das an einem beliebigen Ort im Internet vorhanden ist. Aber diese Verbindungen sind nicht auf Hypertextdokumente beschränkt, sondern es lassen sich auch Verbindungen zu anderen Ressourcen (z.B. FTP) herstellen. An dieser Stelle kommt der URL-Standard ins Spiel. Durch die Angabe eines Links in URL-Notation „weis" der Browser welche Ressource er an dieser Stelle vorfindet. Eine URL besteht aus einem Kürzel welches die Art der Ressource und der damit verbundenen Zugriffsmethode beschreibt (z.B. http://), einem Rechnernamen (z.B. www.uni-karlsruhe.de) auf dem die Ressource zu finden ist und gegebenenfalls der Angabe eines Unterverzeichnisses. Weitere Kürzel sind beispielsweise „ftp://" für einen FTP-Server und „news://" für einen News-Server.

Durch diese beiden Konzepte ist es einem Nutzer möglich auf unterschiedliche Ressourcen bequem und schnell zuzugreifen, sofern der eingesetzte Browser mit der Ressource

---

[33] Uniform Resource Locator.
[34] So wie hier!

„umgehen" kann. Die aktuellen Browser (s.o.) bieten in dieser Hinsicht jeglichen Komfort.

Weitere Internetdienste, auf die hier nicht näher eingegangen wird sind u.a.: Gopher, Finger, Whois und Archie (vgl. Scheller / Boden / Geenen / Kampermann (1994)).

2.2.2.2. Zugangsmöglichkeiten

Zugangsmöglichkeiten zum Internet bieten einerseits die in Kapitel 2.2.1. beschriebenen Online-Dienste, zum anderen sogenannte „Internet Service Provider" (vgl. Siering / Brenken (1997)). Während die Online-Dienste den Internetzugang als zusätzliches Angebot an ihre Kunden offerieren, stellen die Internet Provider lediglich den Zugang zum Internet her. In der Regel bietet zwar jeder Internet Provider eine eigene WWW-Homepage mit einigen Links zu interessanten Seiten und vor allem Suchmaschinen im Internet, aber eine redaktionelle Betreuung ist nicht vorhanden. Die Grenzen werden jedoch immer fließender, was man beispielsweise am Online-Dienst MSN erkennt, der hauptsächlich einen leistungsfähigen Internetzugang bietet (vgl. Meyer (1997) S. 142).

Technisch erfolgt der Zugang für Privatkunden in der Regel per Modem oder ISDN-Adapter über eine Wählleitung[35]. Als Protokolle werden SLIP[36] oder PPP eingesetzt.

---

[35] Die Verbindung wird bei Bedarf aufgebaut, im Gegensatz zur Standleitung, deren Verbindung permanent aufrecht erhalten wird.
[36] Serial Line Internet Protocol ist ein Protokoll, das die IP-Protokollfamilie so kapselt, daß sie über serielle Verbindungen (z.B. Modem) verwendbar wird.

27

2.3. Optische Speichermedien (CD-ROM)

Optische Speicher Medien sind in der Lage sehr große Datenmengen zu speichern. Beispielsweise kann die CD-ROM ca. 650 Megabyte an Daten aufnehmen.

Die optische Speichermedien kann man in drei Arten unterteilen. Zum einen Datenträger, die nur gelesen werden können (Read Only Memory), zum anderen Datenträger die vom Anwender einmalig geschrieben werden (Write Once[37]) könne und solche die mehrfach gelesen und beschrieben werden können (Recordable).

Die nur lesbare CD-ROM eignet sich im wesentlichen zur Distribution aufwendiger Anwendung und hoher Datenmengen, die im nachhinein nicht mehr verändert werden können oder sollen.

Die von Philips und Sony 1986 entwickelte und 1991 eingeführte CD-I (Compact Disk Interactiv) zielt auf den Markt der Unterhaltungselektronik und wurde dementsprechend gestaltet.

Die Photo-CD wurde von Kodak entwickelt und ist im Fotomarkt angesiedelt und richtet sich gleichermaßen an professionelle Anwender und Amateure. Photo-CDs lassen sich zum einen auf speziellen Photo-CD-Playern einsetzen, zum anderen sind sie auch auf sogenannten multisession-fähigen CD-ROM Laufwerken für Computer abspielbar.

Die neuesten Entwicklungen sind die DVD[38] (Digital Versatile Disc), wobei die endgültige Standardisierung erst vor kurzem stattgefunden hat (vgl. Steinbrink (1997a)), und die wiederbeschreibbare CD-RW (CD-ReWriteable) (vgl. Steinbrink (1997b)).

Die DVD bietet mit einer Kapazität von 4,7 GByte eine gegenüber der Audio-CD (780 MByte) und CD-ROM (650 MByte) um den Faktor 6,03 bzw. 7,4 erhöhtes Speichervolumen. Für die Zukunft (1998) sind DVDs (double layer / double sided) mit einer Speicherkapazität von 17,08 GByte geplant.

Die CD-RW ist eine ca. 1.000 mal wiederbeschreibbare CD. Die Aufzeichnung erfolgt, im Gegensatz zu den schon länger verfügbaren Magneto-Optischen Disks, rein optisch (vgl. Steinbrink (1997b) S. 253). Die CD-RW bietet ebenso wie die CD-ROM eine Kapazität von 650 MByte. Gegenüber den Magento-Optischen Disks sind die Recorder und

---

[37] Meist wird von WORM gesprochen, dies steht für „Write Once Read Many".
[38] Häufig liest man fälschlicherweise von „Digital *Video* Disk",wobei gerade die vielseitige (engl.: versatile) Einsetzbarkeit diesen CD-Typ kennzeichnet (vgl. Steinbrink (1997a)).

Medien günstiger herzustellen. Es wird erwartet, daß sich die CD-RW-Recorder als universeller Allesschreiber und -leser im Computerbereich durchsetzen werden.

Der wachsende CD(-ROM) Markt wird allgemein als der entscheidende Zwischenschritt zum Digital Fernsehen betrachte, wobei sich der Grad der Interaktivität der CD-ROM allerdings auf die Möglichkeit der individuellen Auswahl bestimmter Information beschränkt (vgl. Kollmann (1996) S. 26). Besonders vielversprechend ist in diesem Zusammenhang die Verbindung interaktiver CD-ROM-Programme mit Online-Anschluß über ein Modem, wie sie beispielsweise die CD-ROMs einiger Versandhäuser bieten (vgl. Böck Bachfischer (1996) S. 50 und S. 96f).

2.4. Interaktives Fernsehen

Interaktives Fernsehen ist digitales Fernsehen mit Rückkanal, bei dem nicht nur Daten vom Sender zum Zuschauer fließen, sondern auch in umgekehrter Richtung (vgl. Kapitel 2.1.3.). Das interaktive Fernsehen wird sich über verschiedene Phasen aus dem heutigen analogen Fernsehen entwickeln. Durch interaktives Fernsehen erhält der Zuschauer erstens die Möglichkeit, aktiv ins Programm einzugreifen und zweitens, sich sein individuelles Programm zusammenzustellen. Technische Voraussetzung hierfür ist einerseits das Vorhandensein digitaler Übertragungswege und zusätzlich als Hardware im Haushalt neben dem Fernsehgerät eine sogenannte Set-Top-Box, welche die digitalen Informationen in analoge d.h. im herkömmlichen Fernseher sichtbare Signale umwandeln. Es ist jedoch zu erwarten, daß in Zukunft Fernseher und Computer zu einem Multifunktionsgerät zusammenwachsen. Momentan wird das Kabelnetz der Deutschen Telekom für die Übertragung von digitalen Fernsehprogrammen vorbereitet, voraussichtlich wird jedoch keine ausreichende Kanalanzahl zur Verfügung gestellt (vgl. Zivadinovic (1997)). Es werden ca. 90 digitale Kanäle verfügbar sein, was für „echtes" interaktives Fernsehen nicht ausreichend ist.

2.5. Kiosksysteme / Multimediaterminals

Kiosksysteme halten multimediale, meist menügesteuerte Informationen am Point-of-Sale[39] oder am Point-of-Information[40] bereit (vgl. Silberer (1995a) S. 272f). Technisch werden die Terminals entweder online durch einen Computer, oder offline durch einen CD-I-Player unterstützt. Sie werden zumeist als Informations- und Verkaufshilfe, aber auch zur Reservierung und zum Ticketing benutzt.

Ein Beispiel für so ein interaktives Informations- und Bestellsystem ist der Music Master, der von der Firma Pixelpark für die Musik Abteilung von Karstadthäusern entwickelt wurde (vgl. Huly / Raake (1995) S. 125; Swoboda (1995)). Der Kunde hat die Möglichkeit durch berühren des Touchscreen Informationen über bestimmte Musikrichtungen, Musiktitel und Interpreten abrufen. Die gewählten Titel können dann teilweise angehört (ca. 1.000 Titel) oder per Video (ca. 500 Titel) betrachtet werden, ansonsten ist eine Abbildung des Datenträgercovers vorhanden. Derzeit sind etwa 60.000 Musiktitel im Music Master gespeichert.

Ein weiteres Beispiel ist das multimediale Informationssystem „MINNELLI" der Schweizerischen Bankgesellschaft (vgl. Silberer (1995a) S. 285f). Die Kunden haben hierbei die Möglichkeit Informationen über verschiedene Dienstleistungen der Bank abzurufen. Auf sogenannten Infotafeln werden die Produkte kurz mit Vor- und Nachteilen beschrieben und der Kunde kann teilweise eigene Modell-Berechnungen durchführen (z.B. Finanzierung eines Eigenheims).

Voraussetzung für erfolgreiche Kommunikation mit Kiosksystemen ist die extrem einfache Bedienung, die keinerlei Vorkenntnisse erfordert.

---

[39] Der Point of Sale (PoS) oder synonym Point of Purchase (PoP) bezeichnet den Ort der Nachfrage oder des Angebots, an dem es zu einem direkten Kontakt zwischen Konsument und Handelsunternehmen kommt (Swoboda (1995) S. 16).
[40] Der Point of Information (PoI) ist jeder (öffentlich zugängliche) Ort, an dem Informationen nachgefragt werden (z.B. Bahnhofsauskunft).

2.6. Videokonferenzsysteme

Videokonferenzsysteme ermöglichen die zweiseitige Übertragung von Bild und Ton über ein Netzwerk. Die Konferenzpartner sitzen hierbei in unterschiedlichen Räumen, die weit voneinander entfernt sind und können sich gegenseitig sehen und hören. Nach einer anfänglichen Euphorie ist es etwas stiller um Videokonferenzsysteme geworden, weil die Kosten im professionellen Einsatz (Großleinwände, Raummiete und Übertragungskosten) sehr hoch sind und außerdem das Erlebnis des persönlichen Treffens fehlt.

Durch die weitere Verbreitung von schnellen ISDN-Anschlüssen und die sinkenden Hardwarekosten, ist ein größere Verbreitung von PC-basierten Videokonferenzsystemen, auch im Privatbereich, für die Zukunft zu erwarten. Bei der Kopplung von Videokonferenzsystemen und PC besteht zudem die Möglichkeit, während der Videokommunikation über das Netzwerk Dokumente gemeinsam (simultan) zu bearbeiten („document sharing") und Dateien auszutauschen. Die (PC-)Videokonferenzsysteme verfügen hierfür über ein „gemeinsames Zeichenbrett" („white board").

Videokonferenzen werden abgewickelt nach Standards wie CIF oder H.261 (vgl. Encarnação / Foley (1994); Steinmetz (1993)).

3. Bankdienstleistungen in interaktiven Medien

Die Bankdienstleistungen in interaktiven Medien i.w.S. (vgl. Kap. 2.1.2.) lassen sich in drei Hauptgruppen unterteilen. Die folgende Abbildung bietet einen Überblick über diese Hauptgruppen und die jeweiligen Untergruppen.

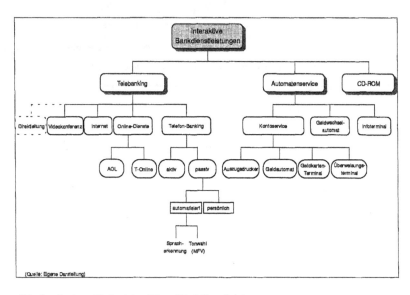

Abb. 8: Systematik der interaktiven Bankdienstleistungen

Eine Hauptgruppe bilden hierbei die Telebanking-Anwendungen, eine weitere der Automatenservice und die dritte die CD-ROM, welche sich thematisch nicht in die beiden vorherigen einordnen läßt. Bevor jedoch auf diese Gruppen und Untergruppen genauer eingegangen wird, erfolgt ein Überblick über die kryptologischen Grundlagen, die bei einzelnen dieser Dienstleistungen teilweise eine wichtige Rolle spielen.

3.1. Kryptologische Grundlagen

Die Kryptologie läßt sich in zwei Bereiche einteilen. Als Kryptographie bezeichnet man die Wissenschaft der Methoden der Ver- und Entschlüsselung von Daten. Kryptoanalyse dagegen ist die „Kunst" des Entschlüsselns von Chiffraten, Algorithmen und Protokollen ohne Kenntnis des Schlüssels und/oder des Verschlüsselungsverfahrens.

Kryptograpische Methoden realisieren verschiedene Aspekte der Datensicherheit (vgl. Bachem / Heesen / Pfenning (1996) S. 703; Luckhardt (1996) S. 110; Luckhardt (1997) S. 21). Die zwei klassische Ziele sind:

- **Integrität und**
  Nachrichten können nicht unbefugt verändert werden.

- **Vertraulichkeit**
  Nachrichten können nicht unbefugt gelesen werden.

Je nach Anwendungsgebiet werden weitere Bedingungen gestellt. In der (Rechner-) Kommunikation wird beispielsweise die

- **Authentizität und**
  Eindeutige Zuordnung einer Nachricht zu einem Absender.

- **Verbindlichkeit** (Unleugbarkeit)
  Die Parteien dürfen den Empfang oder das Abschicken von Nachrichten nicht bestreiten können.

gefordert, während bei der elektronischen Geldbörse

- **Originalität und**
  Das digitale Geld ist nicht duplizierbar.

- **Fehlertoleranz**
  Das digitale Geld geht bei einem Systemfehler nicht verloren

von großer Wichtigkeit sind.

Die Kryptographie hat eine lange Tradition (vgl. Randow (1991)). Schon Julius Cäsar verwandte ein einfaches Verschlüsselungsverfahren für private Botschaften. Einen

33

großen Sprung vorwärts machte die Kryptographie im 2. Weltkrieg, als die ersten Computer bzw. Maschinen[41] in der Lage waren, komplizierte mathematische Verschlüsselungsverfahren schnell zu berechnen.

Moderne Kryptoalgorithmen basieren in der Regel auf dem Kerckhoff-Prinzip (vgl. Watts (1994)). Das nach Auguste Kerckhoff (1835-1903) benannte Prinzip besagt, daß die gesamte Sicherheit eines Algorithmus nur auf der Geheimhaltung des Schlüssels beruhen soll und nicht auf der Geheimhaltung[42] des kryptographischen Algorithmus.

Ein Begriff der im Zusammenhang mit Kryptoalgorithmen öfter vorkommt, ist die Mächtigkeit des Schlüsselraums (bzw. Schlüssellänge). Damit wird die Anzahl der möglichen Schlüssel für ein solches Verfahren bezeichnet. Ein großer Schlüsselraum ist ein großer Vorteil, denn ein potentieller Angreifer benötigt mehr Zeit, um ein System zu brechen.

Die Kryptographie unterscheidet in theoretische und praktische Sicherheit eines Systems. Ein System ist theoretisch sicher, wenn einem Angreifer unbegrenzte Zeit und Hilfsmittel zur Verfügung stehen und es ihm selbst dann nicht möglich ist, das System zu brechen. Bislang ist nur ein einziger Algorithmus bekannt, der absolut sicher ist: das One-Time-Pad[43], nach seinem Erfinder auch Vernam-Chiffre genannt (Luckhardt (1996) S. 110). Stehen einem Angreifer nur begrenzte Zeit und Hilfsmittel zur Verfügung und er kann das System nicht brechen, wird das System als praktisch sicher bezeichnet.

Um den Schüssel eines Kryptalgorithmus zu brechen gibt es verschiedene Angriffsmöglichkeiten. Zum Einen kann der Angreifer versuchen aus dem Geheimtext Informationen über Schlüssel oder Klartext herauszufinden, zum Anderen kennt der Angreifer mehrere Klartext-Geheimtext-Paare und versucht durch eine brute-force-attack das System zu knacken. Das bedeutet, daß mit einer großen Rechenleistung alle möglichen Kombinationen ausprobiert werden. Statistisch betrachtet, müssen dazu im Mittel nur die Hälfte aller möglichen Schlüssel ausprobiert werden, um den Richtigen zu finden. Ein

---

[41] Erwähnt sei hier die berühmt gewordene Chiffriermaschine „Enigma" der deutschen Marine (U-Boot Flotte), deren Chiffrieralgorithmus durch den englischen Mathematiker Alan Turing „geknackt" wurde (vgl. Randow (1991)).

[42] Vorteil eines bekannten Algorithmus ist die Möglichkeit einer Sicherheitsbewertung durch Dritte. Ein guter Kryptoalgorithmus verliert durch die Offenlegung nicht an Stärke, sondern gewinnt Ansehen.

[43] Der OTP verknüpft Schlüssel und Klartext bitweise per Exklusiv-Oder. Seine Sicherheit beruht auf der Zufälligkeit des Schlüssels, der mindestens genauso lang sein muß wie der Klartext und nur ein einziges Mal verwendet werden darf; [...]. Durch diese Randbedingungen ist der One-Time-Pad ziemlich „unhandlich" [...] (Luckhardt (1997) S. 23)

großer Schlüsselraum erschwert diesen Angriff erheblich. Einer der aussichtsreichsten Angriffe auf ein System bietet sich, wenn der Angreifer durch eingeben eigener Klartexte, den entsprechenden Geheimtext erhält und somit durch ausprobieren den geheimen Schlüssel findet. Dieses Verfahren nennt man „chosen plaintext attack".

Die Verschlüsselungstechnik unterscheidet drei Arten von Daten. Als Klartext werden unverschlüsselte Nachrichten bezeichnet. Im Gegensatz dazu bezeichnet man verschlüsselte Nachrichten als Geheimtext (bzw. Schlüsseltext oder chiffrierter Text). Zur Ver- und Entschlüsselung werden ein oder zwei Schlüssel benötigt, welche die dritte Datenart darstellen.

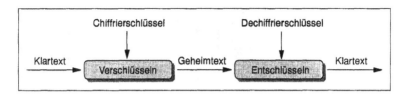

Abb. 9: Prinzip der Ver- und Entschlüsselung
(Quelle: Eigene Darstellung)

Kryptoalgorithmen unterscheidet man in symmetrische und asymmetrische Algorithmen. Wird bei Ver- und Entschlüsselung der gleiche Schlüssel verwendet, so ist es ein symmetrischer Algorithmus. Im Gegensatz dazu benötigen die im Jahre 1976 (vgl. Luckhardt (1997); Randow (1991)) von Whitfield Diffie und Martin E. Hellmann postulierten asymmetrischen Kryptoalgorithmen für Ver- und Entschlüsselung je einen unterschiedlichen Schlüssel.

3.1.1. Symmetrische Verschlüsselungsverfahren

Symmetrische Kryptoalgorithmen basieren auf dem Prinzip, die Ver- und Entschlüsselung mit dem gleichen Schlüssel durchzuführen. Daraus folgt, daß Absender und Empfänger den Schlüssel kennen müssen, dieser jedoch gegenüber Dritten geheimgehalten werden muß. Wird auf den Geheimtext der gleiche Schlüssel angewendet, so wird er wieder zum Klartext. Die folgende Abbildung zeigt den prinzipiellen Aufbau eines symmetrischen Verfahrens mit drei Teilnehmern.

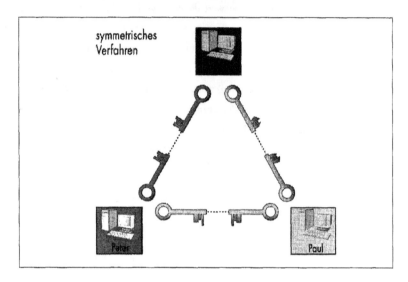

Abb. 10: Symmetrisches Verschlüsselungsverfahren
(Quelle: Luckhardt (1996) S. 111)

Der bekannteste und verbreitetste Vertreter der symmetrischen Verschlüsselungsverfahren ist der Data Encryption Standard, kurz DES[44] genannt. Dieser Algorithmus wurde von der Firma IBM zusammen mit dem National Bureau of Standards in den USA 1977 als US-Norm entwickelt.

Beim DES wird ein 64 Bit großer Schlüssel verwendet, um einen ebenfalls 64 Bit großen Datenblock zu verschlüsseln. Um längere Texte zu verschlüsseln, müssen diese zunächst in Blöcke je 64 Bits aufgeteilt werden. Eventuell am Ende fehlende Bits werden mit Nullen aufgefüllt, was als „padding" bezeichnet wird.

Die beiden wesentlichen Operationen bei der Ver- und Entschlüsselung sind Permutation (Positionsvertauschung einzelner Bits) und Substitution (Ersetzen von Klartextzeichen durch Geheimtextzeichen).

Von den 64 Bits des Schlüssels sind 56 Bits frei wählbar. Die restlichen acht sind Paritätsbits an den Positionen 8,16,24,...,64, jeweils am Ende eines Bytes. Der Schlüsselraum

---

[44] In ANSI-Notation auch DEA (Data Encryption Algorithm)

36

beträgt beim DES aufgrund der acht Paritätsbits somit 2^{56}. Das sind ungefähr $7,2 \times 10^{16}$ mögliche Schlüssel. Auf den ersten Blick mag dies viel erscheinen, doch das ist der Hauptschwachpunkt des DES. Durch die ständig steigende Rechnerleistung moderner Computer liegt die Größe des Schlüsselraums an der unteren Grenze (vgl. Luckhardt (1997)).

Die Grundbetriebsart des DES wird als ECB[45]-Modus bezeichnet. Dabei werden acht Byte lange Klartextblöcke unabhängig voneinander mit dem gleichen Schlüssel verschlüsselt. Dies ist der DES in seiner Reinform.

Eine weitere Betriebsart ist der CBC[46]-Modus. Dabei wird ein aus mehreren 64 Bit-Blöcken bestehender Text mit einer Operation bei der Verschlüsselung so verkettet, daß die nachfolgenden Blöcke von den vorhergehenden abhängig werden. Dadurch kann das Vertauschen, Einfügen oder Löschen von verschlüsselten Blöcken zuverlässig erkannt werden. Dies ist im ECB-Modus nicht möglich.

Eine Verbesserung des DES ist das Triple-DES-Verfahren. Hierbei werden drei DES Operationen mit abwechselnder Ver- und Entschlüsselung hintereinandergeschaltet. Dies ist wesentlich sicherer als eine aufeinanderfolgende Mehrfachverschlüsselung mit verschiedenen Schlüsseln. Dabei werden statt eines acht Byte Schlüssels, zwei benötigt. Dieses Verfahren ist kompatibel zu den vorhergehenden und erfordert außer einem doppelt so großen Schlüssel keinerlei Mehraufwand. Gerade dies ist ein Hauptargument, warum das Triple-DES-Verfahren beispielsweise in Chipkarten eingesetzt wird.

Symmetrische Kryptoverfahren haben jedoch zwei entscheidende Nachteile:

- Der Schlüssel muß stets geheim übergeben werden und ist somit ebenso wertvoll wie die zu verschlüsselnde Nachricht selbst. Bei weltweiter Kommunikation ist dies oftmals nur schwer zu bewerkstelligen.

- In einem Netzwerk (Bsp. Internet) steigt die Zahl der verschiedenen Schlüssel sehr schnell mit der Anzahl der Benutzer. n Benutzer benötigen $\frac{n(n-1)}{2}$ Schlüssel (vgl. Schmid (1994) S.609), somit bedarf es 3 unterschiedlicher Schlüssel bei 3 beteiligten Benutzern. Hingegen benötigen 100 Benutzer bereits 4.950 verschiedene Schlüssel.

---

[45] Electronic Codebook
[46] Cipher Block Chaining

3.1.2. Asymmetrische Verschlüsselungsverfahren

Die symmetrischen Verfahren haben einen Nachteil: da der Schlüssel, mit dem die Nachricht verschlüsselt wurde, auch zur Entschlüsselung benötigt wird, muß er in irgendeiner Weise an den Empfänger übermittelt werden. Dieser Vorgang ist abhörbar, und die Nachrichten sind daher nicht mehr sicher. Das Problem könnte gelöst werden, wenn der zur Verschlüsselung verwendete Schlüssel nicht identisch mit jenem zur Entschlüsselung wäre. Der Empfänger könnte den Sender auffordern, ihm eine Nachricht, die mit einem bestimmten Verschlüsselungsschlüssel chiffriert wurde, zuzusenden. Hierbei könnte der Verschlüsselungsschlüssel jedermann offengelegt werden (public key), während der Entschlüsselungsschlüssel beispielsweise im Speicher des Chips einer elektronischen Geldbörse verwahrt wird.

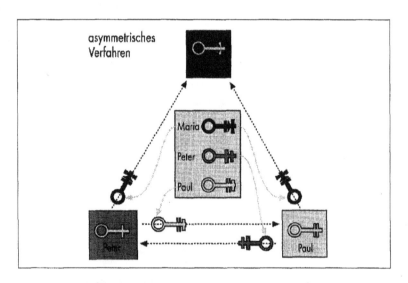

Abb. 11: Asymmetrisches Verschlüsselungsverfahren
(Quelle: Luckhardt (1996) S. 111)

Bereits 1976 beschrieben Diffie und Hellman die Möglichkeit einen Verschlüsselungsalgorithmus dieser Art zu entwickeln. In den darauffolgenden Jahren gab es noch zahlreiche weitere Vorschläge, die mehr oder weniger alle auf der folgenden Idee beruhen:

Es wird eine Verschlüsselungsfunktion mit folgenden Eigenschaften benötigt: Die Anwendung dieser Funktion muß in einer Richtung (Verschlüsselung) sehr effizient sein, in der Gegenrichtung (Entschlüsselung) muß die Umkehrfunktion in der Zeitkomplexität exponentiell anwachsen. Darüber hinaus muß eine Information existieren, die es dem Empfänger ermöglicht, die Entschlüsselung in ein mathematisches Problem mit polynomieller Komplexität zu verwandeln.

1978 stellten Ronald L. Rivest, Adi Shamir und Leonard Adleman den RSA-Algorithmus vor, benannt nach seinen drei Erfindern (vgl. hierzu und zu den weiteren Ausführungen: Bachem / Heesen / Pfenning (1996); Luckhardt (1997); Watts (1994)). Der RSA-Algorithmus ist der bekannteste und am flexibelsten einsetzbare asymmetrische Kryptoalgorithmus, der zur Zeit verwendet wird. Das einfache Funktionsprinzip[47] basiert auf Primzahlenzerlegung.

Beide Schlüssel werden auf der Grundlage von zwei großen Primzahlen p und q erzeugt. Diese sind nur dem Empfänger einer Nachricht bekannt. Das Produkt $(p \cdot q)$ dieser beiden Primzahlen wird mit n bezeichnet[48].

Weiterhin wählt man eine sehr große Zahl e derart, daß sie zu $(p-1) \cdot (q-1)$ teilerfremd[49] ist.

Danach wählt man d als genau die eine Zahl, die die Gleichung

$(d \cdot e) \bmod ((p-1) \cdot (q-1)) = \dot{.}$ erfüllt[50].

Das ganzzahlige Tupel (e,n) bildet den Chiffrierschlüssel, und der Dechiffrierschlüssel wird gebildet durch den ganzzahligen Tupel (d,n).

Die eigentliche Verschlüsselung besteht nun darin, daß man die zu verschlüsselnde Nachricht M zur e-ten Potenz erhebt, das Resultat durch n dividiert und den Rest dieser Division als chiffrierten Text C überträgt.

---

[47] Auf die mathematisch erschöpfende Beschreibung der Technik wird an dieser Stelle verzichtet, da reichlich Literatur existiert, die sich mit den mathematischen Grundlagen dieses und anderer krytologischer Verfahren ausführlich beschäftigt. (Vgl. bsp. Beutelsbacher, A. (1987): Kryptologie; Vierweg, Braunschweig, 1987; und Schneider, B. (1996): Applied Cryptography; Wiley & Sons, New York, 1996; beide zitiert in Luckhardt (1997)).

[48] Momentan werden normalerweise Produkte mit 1024 Bits verwendet, das entspricht einer Zahl mit 308 Stellen (vgl. Luckhardt (1997) S. 23).

[49] D.h. die Primfaktorenzerlegungen von e und $(p-1) \cdot (q-1$ enthalten keine gemeinsamen Faktoren.

[50] Die Modulo-Arithmetik ist definiert als: $a \bmod n = b \Leftrightarrow a = b + k \cdot n$ mit $k \in \mathbb{Z}$.

Der Empfänger einer Nachricht sendet den Chiffrierschlüssel (e,n) an den Sender[51]. Dieser kann nun aus einer Nachricht M ein Kryptogramm C erzeugen, gemäß der Formel:

$$C = M^e \bmod n$$

Das Kryptogramm C übermittelt der Sender dem Empfänger, der es mit

$$M = C^d \bmod n$$

dechiffrieren kann, da er die Zahl e und die beiden Primzahlen p und q besitzt, und daraus die Zahl d berechnen kann.

Schlüsselerzeugung:

- Wähle die Primzahlen p = 5 und q = 11, damit ist $n = p \cdot q = 55$.

- Wähle e = 7, denn der größte gemeinsame Teiler von $(p-1) \cdot (q-1) = 40$ und 7 ist die 1.

- Die Zahl d ergibt sich dann zu 23, da
  $(d \cdot e) \bmod((p-1) \cdot (q-1)) = 23 \cdot 7 \bmod 40 = 161 \bmod 40 =$
  ist.

Der öffentliche Schlüssel ist somit das Zahlenpaar (7,55), der private Schlüssel ist (23,55).

Verschlüsselung:

- Zur Verschlüsselung einer Nachricht z.B. M = 17 berechnet der Sender:
  $C = M^e \bmod n = 17^7 \bmod 55 = ... = 8$
  Diese chiffrierte Nachricht $C = 8$ kann nun an den Empfänger übertragen werden.

Entschlüsselung:

- Bei der Entschlüsselung berechnet der Empfänger:
  $M = C^d \bmod n = 8^{23} \bmod 55 = ... = 17$

Gleichung 1: Zahlenbeispiel zur RSA-Verschlüsselung
(Quelle: Eigene Darstellung)

Die Sicherheit des RSA-Verfahrens beruht darauf, daß ein Unbefugter, auch wenn er die chiffrierte Nachricht C mithört, aus der Zahl n nicht die beiden Primzahlen p und q

---

[51] Alternativ kann sich der Sender den Schlüssel auch in einem öffentlichen Schlüsselverzeichnis besorgen.

ermitteln kann, die er benötigt, um die Entschlüsselungsfunktion zu berechnen. Es ist sehr einfach die Zahl n aus den beiden Primzahlen zu berechnen, aber sehr schwierig n so zu faktorisieren, daß die richtigen Primzahlen herauskommen. Der interessierte Leser möge probieren, die Zahl 2.322.533 in ihre Primfaktoren zu zerlegen[52].

Eine der Stärken des RSA-Algorithmus ist, daß er nicht auf bestimmte Schlüssellängen fixiert ist, wie z.B. der DES. Benötigt man mehr Sicherheit, so kann man ohne den Algorithmus zu ändern größere Schlüssellängen verwenden. Allerdings muß dabei immer noch die Rechenzeit im Auge behalten werden. Eine Schlüssellänge von 512 Bit gilt momentan noch als sicher, da ein Supercomputer für die Zerlegung in die richtigen Primfaktoren einige hundert Jahre brauchen würde.

Damit eine Chipkarte dieses Sicherheitsverfahren in akzeptierbarer Zeit anwenden kann, wurden die Krypto-Controller-Karten entwickelt (vgl. Schaumüller-Bichl (1994) S. 603; Watts (1994) S. 92). Sie enthalten spezielle Rechenwerke, die besonders schnell Exponentations- und Modulo-Operationen ausführen können.

Die asymmetrischen Verschlüsselungsverfahren bieten einige entscheidende Vorteile:

* Kein vorheriger Schlüsseltausch

  Symmetrische Verfahren setzten voraus, daß beide Seiten über den gleichen Schlüssel verfügen, d.h. er muß vor der ersten Kommunikation ausgetauscht werden. Bei asymmetrischen Verfahren kann der Sender durch besorgen des public key in einem Schlüsselverzeichnis, spontan Kommunikation mit dem Empfänger, ohne vorherige Absprache, aufnehmen.

* Geringere Schlüsselzahl

  Pro Teilnehmer in einem Kommunikationsverbundes wird nur ein Schlüsselpaar benötigt.

Allerdings ergeben sich auch einige Nachteile:

* Asymmetrische Verfahren sind langsamer als symmetrische.

---

[52] Lösung: (1.367 · 1.69⁹

Asymmetrische Verfahren sind anfällig gegen Attacken mit ausgewähltem Klartext (chosen plaintext attack), da die Chiffrierschlüssel per Definition öffentlich zugänglich sind.

- Es besteht die Gefahr, das ein vermeintlich öffentlicher Schlüssel eines bestimmten Empfängers durch einen Unberechtigten in das Schlüsselverzeichnis gestellt wurde. Der Sender hat also das Problem den „wahren" Schlüssel eines Adressaten zu erhalten. Abhilfe ist hier durch Zertifizierungsstellen möglich, die die Identität (public key) des Empfängers bestätigen (vgl. Hövel (1996); Schmid (1994)).

In der Praxis werden häufig sogenannte hybride Kryptoverfahren eingesetzt, die in gewisser Weise die Vorteile beider Verfahren kombinieren. Wegen des Geschwindigkeitsnachteils der asymmetrischen Verfahren werden diese hierbei nur zur Verschlüsselung des Chiffrierschlüssels verwendet. Eine Nachricht wird durch ein symmetrisches Kryptoverfahren mit einem jeweils neu erzeugten Zufallsschlüssels[33] chiffriert und dieser Schlüssel wird dann mit dem asymmetrischen Verfahren verschlüsselt und mitgesendet.

---

[33] Eine besondere Wichtigkeit kommt hierbei dem Zufallszahlengenerator (bzw. dessen programmiertechnischer Umsetzung) zu. Sind die Ergebnisse durch irgendwelche Parameter hervorsehbar, so ist die Verschlüsselung wirkungslos. Diese Problem trat in der SSL-Version des Netscape Navigator 1.1 auf (vgl. http://www.c2.org/hacknetscape/)

3.2. Telebanking

Telebanking (vgl. Abb. 8) umfaßt verschiedene Anwendungen auf die in den nachfolgenden Kapiteln näher eingegangen wird.

Die **Direktleitung** bietet Großkunden die Möglichkeit sich per Standleitung direkt mit dem Rechenzentrum der Bank zu verbinden. Da diese Technologie nur wenige Großunternehmen nutzen wird sie hier nicht genauer erläutert.

3.2.1. Videokonferenz

Eine wenig verbreitete Telebanking-Anwendung ist die Videokonferenz[54], obwohl schon vereinzelt Implementierungen dieser Technologie im Bankkundenservice existieren.

Die Royal Bank of Canada bietet ihren Kunden beispielsweise die Möglichkeit, von entlegenen Zweigstellen ein Beratungsgespräch per Videokonferenz mit einem Spezialisten zu führen (vgl. Ambros (1996) S. 102). Der Bankberater kann hierbei Hunderte von Kilometern entfernt sein. Die Zweigstellen der Royal Bank of Canada verfügen über kleine Beratungsräume, in denen der sogenannte „Video Banking Service" installiert ist. Einen ähnlichen Service erprobt auch die Sparkasse Osterode (vgl. Buchholtz (1996) S. 90) in ihren Zweigstellen, wobei momentan „nur" die Zweigstellenmitarbeiter per Videokonferenz Experten in der Zentrale befragen können.

Auch der genossenschaftliche Bankensektor testet die Videotechnologie. Das Videokonferenzsystem „regioline" soll künftig sowohl Kunden als auch Mitarbeitern zur Verfügung stehen (vgl. Bank und Markt (1996) S. 22f).

Das Video-Banking bietet für kleine Filialen einerseits die Chance, ihren Kunden qualitativ hochwertige Beratung „indirekt" anbieten zu können, andererseits besteht jedoch die Gefahr, daß Direktbanken über diese Technologie den Filialbanken „das Wasser abgraben". Denn „sobald sich die Videotechnik durchsetzt, fällt auch noch der letzte große Vorteil der Filialbanken weg: der Blick ins Gesicht des Beraters" (Buchholtz (1996) S. 90). Die Banken sind also gut beraten sich frühzeitig mit dieser Technologie und deren Auswirkung auf die Filialstruktur auseinander zu setzten. Die Stadtsparkasse Osterode

---

[54] Ambros (1996) betitelt diese Technologie im Bankenbereich als "Video-Banking".

will beispielsweise in fünf bis sieben Jahren individuelle Video-Beratung im Wohnzimmer anbieten (Kerstan, R. zitiert in Buchholtz (1996) S. 90).

3.2.2. Internet Bankdienstleistungen

In den letzten Monaten haben die „echten" Internet-Bankdienstleistungen stark zugenommen. Eine Übersicht über die mögliche Angebote zeigt die folgende Abbildung.

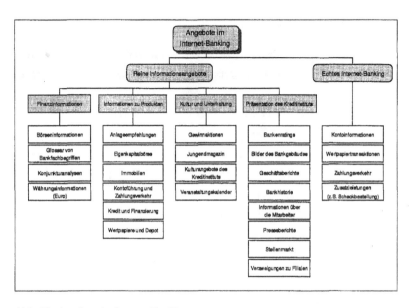

Abb. 12: Angebote im Internet-Banking
(Quelle: Eigene Darstellung)

Viele Banken[55] sind zwar schon seit einiger Zeit im Internet vertreten, aber die Angebote waren hauptsächlich informeller Art. Echtes Online-Banking wurde kaum angeboten, da die meisten Kreditinstitute und Kunden das Internet als zu unsicher einstuften. Diese Meinung herrscht auch momentan noch vor, obwohl inzwischen sichere Verschlüsselungsmethoden und Implementierungen dieser Technologien existieren (vgl. Birkelbach (1996c)). Bei konsequenter Nutzung dieser Techniken bietet Online-Banking im Internet

---

[55] Eine Übersicht über alle im Internet vertretenen Banken findet sich unter: http://www-ibi.uni-regensburg.de/banken/.

heute kein höheres Risiko mehr, als im Online-Dienst T-Online. Es existieren derzeit vier verschiedene Verfahren um Transaktionen im Internet zu schützen.

3.2.2.1. Manuelle Nachbearbeitung

Ein Pionier in Sachen Internet-Banking war die Sparkasse Dortmund[56] (vgl. Müller (1996) S. 101; Stockmann (1997)). Obwohl hier eine recht rudimentäre Technik verwendet wird, können die Kunden seit Mai 1996 Bankgeschäfte über das Internet abwickeln. Die Transaktionen werden hierbei mit dem SSL-Protokoll[57] von Netscape gesichert. Der Kunde kann in einem derart gesicherten WWW-Dokument beispielsweise eine Überweisung erfassen und diese dann mit PIN und TAN versehen an den Bankrechner senden. Die Transaktion wird dort dann ausgedruckt und manuell von Mitarbeitern der Sparkasse in das T-Online-System eingegeben. Durch die manuelle Nachbearbeitung besteht eine gewisse Nachkontrolle der getätigten Transaktionen, so das kriminelle Handlungen minimiert bzw. ausgeschlossen werden können.

3.2.2.2. Hardware zwischen Tastatur und PC

Die Sparda-Bank[58] in Hamburg verwendet seit August 1996 für ihr „Sparda-Netbanking" den Hardwarechip „MeChip" der Leipziger ESD GmbH[59] (vgl. Stockmann (1997)). Der Chip existiert momentan in drei verschiedenen Ausführungen, nämlich als Parallelportversion, PCMCIA-Karte und ISA-Steckkarte.

Die am häufigsten eingesetzte Parallelportversion (vgl. Luckhardt (1997) S. 27), wird direkt an die parallele Schnittstelle[60] des Rechners angeschlossen. Der Druckeranschluß ist weiterhin nutzbar, da die Druckdaten, wie bei einem Softwareschutzdongle[61], durchgeschleift werden. Über ein Y-Kabel ist der MeChip an die Tastatur angeschlossen und kann somit alle Eingaben des Benutzers direkt von der Tastatur mitlesen. Durch diesen

---

[56] http://www.stadtsparkasse-dortmund.de/
[57] Es wurde zu Anfang mit einem 40-Bit-SSL-Protokoll gearbeitet, da zu dieser Zeit „stärkere" (d.h. höherbittige) Kryptoverfahren einem Exportverbot der US-Regierung unterlagen. Inzwischen ist der Export von 128-Bit-SSL durch die US-Regierung jedoch erlaubt worden.
Eine Beschreibung des SSL-Protokoll bietet Luckhardt (1997) S. 24.
[58] http://www.sparda-hh.de/
[59] http://www.esd.de/
[60] Dies ist i.d.R. der Druckeranschluß LPT1.
[61] Manche Softwareprogramme (z.B. AutoCad) sind damit gegen unerlaubte Benutzung geschützt (Raubkopien), da sie ohne diesen „Dongle" nicht funktionieren.

„direkten Draht" zur Tastatur bieten sich grundsätzlich weniger Angriffsmöglichkeiten für Manipulationen, da die Tastatureingaben, von sicherheitsrelevanten Zeichenketten wie Paßwörtern oder Überweisungsdaten, direkt nach der Eingabe „geschützt" werden können (vgl. Luckhardt (1997) S. 27; Stockmann (1997)). Zur Verschlüsselung wird ein spezieller RISC-Prozessor[62] und Kryptosoftware aus einem ROM eingesetzt. Es wird hierbei RSA mit einer Schlüssellänge von 768 bis 1.536 Bit zur Signierung und DES oder Triple-DES zur Verschlüsselung eingesetzt. „Viele Experten kritisieren allerdings die mangelnde Bewertbarkeit des Verfahrens aufgrund der geringen Bereitschaft von ESD zur Offenlegung von Protokoll- und Designdetails" (Luckhardt (1997) S. 27). Ein weiterer Nachteil ist die geringere Flexibilität für den Nutzer, da er nicht „von beliebigen System aus Telebanking betreiben kann" (Stockmann (1997)), schließlich ist er auf den MeChip angewiesen ist. Interessante Möglichkeiten eröffnen sich allerdings bei Kombination von MeChip und einem Chipkarten-Leser, wie es von ESD angekündigt ist (vgl. http://www.esd.de/). Der Kunde kann damit seine „elektronische Geldbörse" zu Hause aufladen (vgl. Fabich (1996)).

Noch in diesem Jahr will die Sparda-Bank Hamburg eG diesen Service anbieten. Der Vorstand der Sparda-Bank eG, Heinz Wings, äußert sich folgendermaßen (Wings (1997)): „Als intelligente Zusatzleistung werden wir [...] noch in diesem Jahr eine konsequente Weiterentwicklung des MeChip offerieren: den MeChip Pro, [...] mit dem der Sparda-Net-Banking-Kunde auch seine GeldKarte [...] zu Hause mit Geld aufladen kann. Mit dem MeChip Pro wird jeder Online-PC zur kleinsten Bankfiliale der Welt."

3.2.2.3. Software Kryptoverfahren als Java-Programm

Ebenfalls seit August 1996 ist das Java-Applet[63] „X·PRESSO „ der Brokat Informationssysteme GmbH[64] im Einsatz. Als erste Bank benutzt dieses System die Direkt Anlage Bank[65].

X·PRESSO ist im wesentlichen eine Adaption des Netscape SSL in der

---

[62] Prozessor mit einem kleineren Befehlssatz (reduced insruction set code), der allerdings sehr schnell ausgeführt werden kann.
[63] Java ist eine von Sun Microsystems entwickelte Programmiersprache, mit der über das Internet ausführbare Programme (Java Applets) erstellt werden können.
[64] http://www.brokat.de/
[65] http://www.diraba.de/

Programmiersprache Java (vgl. Luckhardt (1997) S. 24). Das Java-Applet wird bei der Verbindungsaufnahme vom Bankrechner zum PC des Kunden übertragen. Dieses Applet wird dann auf dem Kundenrechner ausgeführt und stellt eine gesicherte Verbindung zum Bankserver her. Für die eigentliche Transaktion muß sich der Kunde dann mit einer PIN identifizieren und für jede Aktion benötigt er, wie im T-Online-Banking, eine Transaktionsnummer (TAN). Die Transaktion selbst ist mit einem 128 Bit Schlüssel gesichert (vgl. Luckhardt (1997) S. 25; Stockmann (1997)). Der Vorteil der PIN/TAN-Legitimierung ist, daß falls die gesicherte Verbindung von einem Unberechtigten geknackt würde, dieser keine Möglichkeiten hätte Transaktionen auszuführen. Zudem wird dieselbe PIN und dieselben TANs akzeptiert wie im T-Online-Banking des jeweiligen Instituts, was dem Kunden eine „parallele" Benutzung ermöglicht.

Ein weitere Vorteil diese Systems ist die Möglichkeit, von jedem beliebigen Internet-Zugang, sofern ein Java-fähiger WWW-Browser (z.B. Netscape Communicator) vorhanden ist, Banktransaktionen auszuführen.

Die FIDUCIA Informationszentrale AG[66], größtes Dienstleistungs-Rechenzentrum der genossenschaftlichen Bankengruppe mit 472 angeschlossenen Instituten, bietet ihr Internet Angebot ebenfalls auf der Basis von X·PRESSO an (vgl. http://www.brokat.de/).

Weiterhin wird das Systems von der Advanced Bank, Bank 24, Consors und der Deutsche Bank eingesetzt.

3.2.2.4. Homebanking Computer Interface

Die neueste Entwicklung auf dem Gebiet des Online-Banking ist das Homebanking Computer Interface[67] (HBCI) , daß im Auftrag des Deutschen Sparkassen- und Giroverbandes entwickelt wurde (vgl. Stockmann (1997); Luckhardt (1997) S. 25f; Müller (1996) S. 100).

Der HBCI-Standard ist von der verwendeten technischen Plattform (Internet, Online-Dienst, etc.) weitgehend entkoppelt. HBCI legt beispielsweise fest in welchem Format Überweisungen und Kontoauszüge zu übertragen und zu verschlüsseln sind. Auch der Ersatz der TANs durch Verwendung einer Chipkarte ist bereits explizit vorgesehen. Hinsichtlich der Verschlüsselung können Java-basierte Systeme (z.B. X·PRESSO) zum

---

[66] http://www.fiducia.de/
[67] http://www.softlab.de/german/hbci/hbci.html

HBCI-Standard kompatibel gemacht werden, indem die bisher eingesetzten Kryptoverfahren durch die HBCI-konformen ersetzt werden.

Als erster Hersteller hat die Hamburger Firma Star Division[68] eine HBCI-fähige Finanz-
managementsoftware vorgestellt. Das Programm „Star Money" kann momentan exklusiv
von Sparkassenkunden erworben werden.

3.2.3. Bankdienstleistungen in Online-Diensten

Beim Homebanking hatte **T-Online** lange Zeit ein Monopol. Seit über 10 Jahren können die Bankkunden diesen Dienst nutzen (vgl. Nägle / Wieck (1986); Birkelbach
(1996c) S. 104). Erst in den letzten Jahren sind die ersten Konkurrenzangebote in AOL
und im Internet entstanden (vgl. Wilde (1997) S. 10).

Das Monopol von T-Online hatte vorwiegend sicherheitstechnische Gründe. Die abhörsi-
chere Übertragung der sicherheitsrelevanten Daten über das geschlossene Netzwerk von
T-Online (zuvor BTX, dann Datex J) wird von dem Netzbetreiber „garantiert". Da es
sich um ein geschlossenes System handelt, sind Manipulationen gut nachvollziehbar. Jeder Nutzer muß sich durch seinen T-Online-Zugangscode legitimieren und kann daher
nicht anonym agieren, wie beispielsweise im Internet. Aus diesem Grund wird beim T-
Online Banking auch ein „relativ" einfaches Sicherheitssystem verwendet.

Will ein Kunde bei seiner Bank Online-Banking betreiben, so muß er sich mit seiner PIN
identifizieren. Nach der Autorisierung kann er beispielsweise seinen Kontostand abfragen. Für Transaktionen benötigt er zusätzlich Transaktionsnummern (TAN) die er von
seiner Bank erhält. Jede TAN ist nur für eine Transaktion (z.B. Überweisung, WP-Kauf)
gültig. Obwohl dieses System recht einfach aufgebaut ist, ist „bisher kein Fall bekannt, in
dem ein Computer-Hacker Geldbeträge rauben konnte" (FOCUS Online: „So sicher ist
Net-Banking"). Die meisten deutschen Banken bieten heute ein T-Online Angebot an.

Als Ende 1995 die Vereinsbank[69] ihr Online-Banking auch in **AOL** anbot, griff man auf
das bewährte Sicherheitssystem von T-Online zurück (vgl. FOCUS Online: „So sicher ist
Net-Banking"). Das AOL-Angebot der Vereinsbank bietet dieselben Möglichkeiten wie

---

[68] http://www.stardiv.de/
[69] AOL Kommando: vereinsbank

der T-Online Service dieses Instituts. Ein weiterer AOL-Banking Anbieter ist die Direkt Anlage Bank[70].

Die angebotenen Dienstleistungen in den Online-Diensten entsprechen im wesentlichen denen des Internet-Banking (vgl. Abb. 12).

3.2.4. Telefonbanking

Das Telefonbanking (vgl. Abb. 8) läßt sich in zwei Gruppen unterteilen. Zum einen das aktive Telefonbanking, zum anderen das passive Telefon-Banking.

Beim **aktives Telefon-Banking** geht die Initiative von der Bank aus. Es handelt sich also um Telefonmarketing, durch das der Kunde beispielsweise über neue Produkte informiert wird.

Das **passive Telefonbanking** geht demgegenüber vom Kunden aus. Über eine Servicenummer wird der Kunde entweder mit einem Computersystem (automatisiert) oder mit einer Telefonzentrale[71] (persönlich) verbunden.

Beim **automatisierten passiven Telefonbanking** unterscheidet man zudem Spracherkennungssysteme und Systeme die mit Tonwahl[72] arbeiten. Bei der Spracherkennung ist das System in der Lage einzelne Buchstaben, Zahlen und eine begrenzte Anzahl Wörter zu „verstehen". Der Kunde kann sich auf diese Weise verbal durch ein vorgegebenes Optionsmenü bewegen. Die Tonwahlsysteme werden hingegen über ein tonwahlfähiges Telefon „gesteuert". Heutzutage existieren hauptsächlich hybride Systeme, die sowohl per Spracherkennung, als auch per Tonwahl gesteuert werden können.

Das automatisierte Telefonbanking der Volksbank Freiburg eG mit dem Namen „Kontofon" bietet beispielsweise die folgenden Dienstleistungen:

- Kontoservice: Umsätze abfragen, Überweisungen, Daueraufträge, ec-Schecks bestellen, Kontofon-Geheimzahl ändern.
- Aktuelle Bankangebote
- Informationen zu Kontofon
- Kartensperre von: ec-Karte, Bank-Card, Eurocard, Visa-Card

---

[70] AOL Kommando: diraba
[71] bzw. Call-Center
[72] bzw. Mehrfrequenz-Wahlverfahren (MFV)

Verbindung zu einem Kundenberater

Der letzte Punkt in der obigen Liste („Verbindung zu einem Kundenberater"), stellt die Verbindung zum **persönlichen passiven Telefonbanking** her. Der Kunde hat die Möglichkeit über eine Telefonzentrale persönlichen Kontakt mit einem Bankmitarbeiter aufzunehmen.

Gerade diese Kopplung von automatisierten Dienstleistungen und der Möglichkeit einer persönlichen Kontaktaufnahme, ist eine wesentliche Verbesserung des passiven Telefonbanking.

3.3. Automatenservice

Der Automatenservice läßt sich in drei Bereiche einteilen (vgl. Abb. 8).
Den größten Bereich bilden dabei die **Kontoservice-Automaten**. Diese Automaten zeichnen sich dadurch aus, daß sich die angebotenen Dienstleistungen immer auf das Konto des Nutzers beziehen. Dieses Konto kann dabei institutsintern (z.b. Auszugsdrukker) und/oder institutsextern (z.b. Geldautomat) geführt sein. Die Nutzung des GeldKarten-Terminals ist beispielsweise jedem Kunde mit einer entsprechenden ec-GeldKarte möglich. Bei welcher Bank er sein Konto führt spielt keine Rolle. Im Gegensatz hierzu können nur institutsinterne Kontoinhaber einen Auszug am Auszugsdrucker erstellen.

Der **Geldwechselautomat** und das **Infoterminal** können, im Gegensatz zu den Kontoservice-Automaten, auch „autark" benutzt werden. Das heißt, der Nutzer bedarf keinerlei Kontoverbindung. Beim Geldwechselautomat besteht beispielsweise die Möglichkeit, Bargeld in Sorten[73] zu wechseln, was häufig von Touristen in Anspruch genommen wird. Das Infoterminal stellt in einer gewissen Weise eine Besonderheit dar, da die dort anboten Dienstleistungen teilweise keine „klassischen" Bankdienstleistungen sind. Das Multimediaterminal der Volksbank Freiburg eG bietet beispielsweise einen Veranstaltungskalender und Informationen über die Stadt Freiburg, jedoch auch die Möglichkeit Kontoinformationen abzufragen. Hierfür ist dann allerdings wiederum eine Autorisierung, beispielsweise durch eine Bankcard ec, nötig.

---

[73] Sorten sind Noten und Münzen („Bargeld") in ausländischer Währung.

3.4. CD-ROM

Die CD-ROM als Multimedium bietet eine Vielzahl von interessanten Distributions-
möglichkeiten. Als Beispiel für eine solche CD-ROM wird die „Media Vision"-CD der
Volksbank Freiburg eG vorgestellt. Die Media Vision CD ist seit Januar 1996 verfügbar
und wurde damals in einer Auflage von 3.000 produziert. Bis April 1997 waren ca. 1.000
Stück an Kunden der Volksbank Freiburg eG ausgegeben. Das Startmenü dieser CD-
ROM zeigt Abbildung 13.

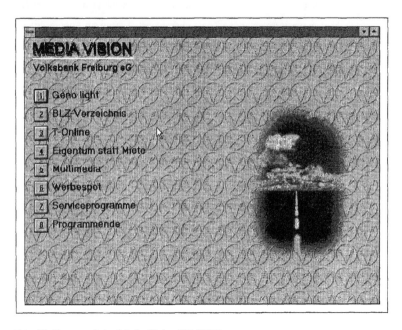

Abb. 13: Startmenü der Media Vision CD-ROM

Das Startmenü bietet verschiedene Dienstleistungen an.

„Geno light" ist ein an kleinere Unternehmen und Privatleute angepaßtes Programm für
den bargeldlosen Zahlungsverkehr. Es bietet die Möglichkeit zur einfachen Erfassung
von Zahlungs- und Daueraufträgen. Durch das Führen von Bestandskonten besteht über
die Umsatzinformationen eine Dispositionsmöglichkeit von Zahlungsein -und ausgängen.

Die Übermittlung der Umsatzdaten erfolgt wahlweise per Diskette oder über T-Online. Bei Nutzung von T-Online besteht zudem die Möglichkeit den aktuellen Kontostand „online" ins System zu übernehmen.

Das „Bankleitzahlenverzeichnis" bietet bequemen Zugriff auf die Bankleitzahlen von ca. 5.600 Banken.

Über die „T-Online" Auswahl wird ein mitgelieferter T-Online Decoder aufgerufen. Der Kunde kann für die ersten Versuche einen Testzugang nutzen, benötigt für Online-Banking jedoch eine T-Online-Zugangsberechtigung. Die einmalige Anschlußgebühr in Höhe von 50,- DM wird von der Volksbank Freiburg eG übernommen.

„Eigentum statt Miete" ist ein Programm für die Baufinanzierung. Der Kunde erhält Informationen über den Aufbau einer Baufinanzierung und kann an einem Rechenbeispiel überprüfen, mit welchen monatlichen Kosten er ungefähr zu rechnen hat.

Hinter „Multimedia" und „Werbespot" verbergen sich unterschiedliche Informationen über die Bank und ihre Dienstleistungen.

Über die Auswahl „Serviceprogramme" kann man beispielsweise den obengenannten T-Online Decoder installieren.

„Programmende" beendet schließlich das Programm.

Die Media Vision CD stellt eine interessante Auswahl von Dienstleistungen zu Verfügung. Zwar ist die Bekanntheit (vgl. Kap. 4.2.2.1.) und Verbreitung der CD noch nicht sehr groß, doch mit dem Zuwachs von Multimedia-PCs in den Haushalten bestehen für diese Technologie durchaus Zukunftschancen.

3.5. GeldKarte

Die GeldKarte ist eine elektronische Geldbörse in Smart Card Technologie. Im folgenden Kapitel wird diese Technologie erläutert. Danach folgt ein Kapitel über den Pilotver-
such mit der GeldKarte und in den abschließenden Kapiteln wird dann auf den Lade- und
Zahlungsvorgang genauer eingegangen.

3.5.1. Smart Card Technologie

Die heutigen Smart Cards[74] sind Mikrocomputer mit den gleichen Komponenten, die
auch in einem PC vorhanden sind. Den prinzipiellen Aufbau einer Smart Card zeigt Abbildung 14.

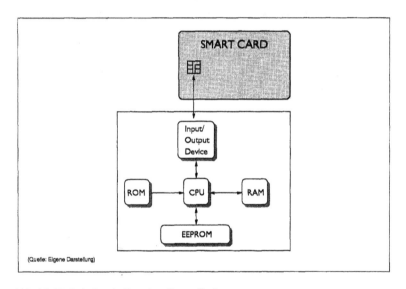

Abb. 14: Technischer Aufbau einer Smart Card

So ist in dem Chip der Smart Card ein Bussystem, ROM- und RAM-Speicher, sowie
ein Ein-/Ausgabeinterface integriert. Als Speichermedium wird ein EEPROM[75] verwen-

---

[74] Oftmals wird auch einfach von aktiver Chipkarte gesprochen.
[75] Electrically Erasable PROM; Ein auf elektrischem Weg lösch- und wiederbeschreibbarer Speicher

det. Definiert ist sie in der ISO Norm 7816 wie folgt (vgl. Schaumüller-Bichl (1994) S. 594):

[...] an ID-1 card type [...] into which has been inserted one ore more integrated circiuts, also als Plastikkarte im Format von Scheckkarten, in die ein oder mehrere Chip(s) integriert wurde(n).

Art und Anzahl dieser Chips sind freigestellt, festgelegt werden [...] hingegen die Dimnesion und Lage der Kontakte bzw. die Art der Übertragung bei kontaktlosen Karten, die Übertragungsprotokolle, einheitliche Kommandos und Datenelemente und ähnliches.

3.5.2. Pilotversuch

Am 29. März 1996 startete nach mehreren Ankündigungen und Terminverschiebungen der GeldKarten-Feldversuch des ZKA in der baden-württembergischen Region Ravensburg/Weingarten (vgl. Handelsblatt (1997a); FAZ (1997b)). Der ZKA, mit Sitz in Köln, ist ein Zusammenschluß von allen fünf deutschen Banken- und Sparkassenverbänden. Ziel dieses Pilotprojektes war es, mit ca. 80.000 GeldKarten an rund 700 Akzeptanzstellen, das bargeldlose Bezahlen mit der GeldKarte zu erproben.

Es wurden drei verschiedene Kartentypen ausgegeben. Den größten Anteil mit 85 Prozent stellten die kontogebundenen ec-Geldkarten bzw. Servicekarten einzelner Institute, bei denen der Chip auf einer normalen ec-Karte/Servicekarte zusätzlich zum Magnetstreifen untergebracht wurde. Kunden die bereits im Besitz einer ec-Karte/Servicekarte waren, bekamen kostenlos eine neue ec-Karte/Servicekarte mit integriertem Chip zugesandt, wobei sich einige Kunden beschwerten, daß dies ohne Erklärung geschah. An speziellen Ladeterminals konnte die „elektronische Geldbörse" unter Eingabe der persönlichen PIN mit bis zu 400 Mark geladen werden. Dies führte zu einer Kontobelastung in gleicher Höhe.

Die andere Variante war eine kontoungebundene GeldKarte für Nichtkunden, Jugendliche oder Touristen. Diese sogenannten „weißen" Karten konnten bei einem der 17 beteiligten Kreditinstitute als geladene GeldKarten gegen die entsprechende Bargeldsumme gekauft werden.

Der verwendete Chip war ein Mikrocontroller-Chip der Firma Siemens (vgl. Schaumüller-Bichl (1994)).

Die Kartenbenutzer können den Inhalt der elektronischen Geldbörse am Ladeterminal oder an einer der Akzeptanzstellen beim Bezahlen erfahren. Zusätzlich gibt es einen Taschenleser, kaum größer als ein Schlüsselanhänger, der jederzeit über den Restbetrag Auskunft gibt.

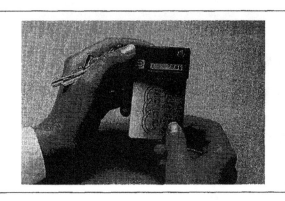

Abb. 15: Taschenleser für eine GeldKarte
(Quelle: Sperlich (1996))

Die Händlerterminals als Akzeptanzstellen wurden kostenlos aufgestellt. An ihnen kann mit den GeldKarten bargeldlos bezahlt werden. Die Zahlungen werden gespeichert und einmal täglich an eine neu eingerichtete Börsen-Evidenz-Zentrale (BEZ) der deutschen Kreditwirtschaft weitergegeben. Diese prüft die eingehenden Transaktionen, bearbeitet Salden für Händler und beteiligte Kreditinstitute und bearbeitet eventuelle Reklamationen. Weiterhin führt die BEZ für jede GeldKarte ein anonymes Börsenverrechnungskonto. Damit sollen mögliche Systemschwachstellen aufgedeckt werden und eventuelle Systemangriffe feststellbar sein.

In den Medien wurde fälschlicherweise von Schattenkonten gesprochen, mit denen man das Kaufverhalten der Kartenbenutzer zurückverfolgen könne und die den „gläsernen Bankkunden" an die Wand malten. Verbraucherverbände und Datenschützer wurden auf den Plan gerufen. Der Leiter des Chipkartenprojektes, Klaus Altenhenne, sagte daraufhin, daß nicht Schattenkonten, „sondern Schattensalden geführt werden. Wo saldiert

56

wird, können sie nichts mehr nachverfolgen" und auch keine „elektronische Schleimspur hinterlassen."

Für die Bereitstellung des Systems und die Übernahme der Zahlungsgarantie durch die Kreditwirtschaft kam eine Gebühr für die Händler in Höhe von 0,3 Prozent des Kaufbetrages, mindestens jedoch fünf Pfennig, bei jeder Bezahlung mit der GeldKarte an das herausgebende Kreditinstitut zum Tragen. Vielen Händlern waren diese Gebühren zu hoch. Besonders die beteiligten Lebensmittelketten Aldi und Lidl, deren Gewinnmargen bei einem Prozent liegen sollen, protestierten. Mitte Juli wurden die Mindestgebühren dann von fünf auf zwei Pfennig gesenkt.

In der Chipkarte werden die letzten 15 Transaktionen gespeichert und können beim Kreditinstitut ausgedruckt werden. Diese Funktion ist für Unstimmigkeiten im Geldkreislauf gedacht.

14 Tage nach Beginn des Projektes gab es 396 beteiligte Händler. An den 463 Akzeptanzstellen gab es etwa 570 Terminals zum bargeldlosen Bezahlen. Rund 60.000 Karten waren in Umlauf mit einem Ladebetrag von ca. 1 Million Mark.

Das Projekt endete nach fünf Monaten im August 1996. Der Projektleiter zog eine positive Bilanz. Er sah aber gleichzeitig an vielen Stellen noch Handlungsbedarf: nur jeder zweite Kartenbesitzer hatte seinen Chip nachgeladen, die Kunden wurden zu wenig aufgeklärt und das Personal an den Händlerterminals war nicht immer ausreichend geschult.

Der durchschnittliche Ladebetrag lag bei 150 Mark, der durchschnittliche Umsatz pro Transaktion bei 28 Mark. Die Zahl der Terminals konnte auf 800 gesteigert werden. Rund 600 Händler nahmen zuletzt am Projekt teil. Die angestrebte Zahl von 80.000 ausgegebenen GeldKarten konnte jedoch nicht erreicht werden, es blieb bei 60.000 ausgegebenen Karten.

3.5.3. Datenschutz und Sicherheit

Obwohl die GeldKarte eine Vielzahl von Daten gespeichert hat, ist die Zahlung nicht auf eine Person unmittelbar zurückzuführen. Die folgenden Daten sind auf der GeldKarte gespeichert:

- Nummer der GeldKarte

Bankleitzahl (BLZ) der herausgebenden Bank

- Kontonummer für Verrechnungskonto

- Aktivierungsdatum

- Ablaufdatum

- Guthaben

- maximaler Ladebetrag

- maximaler Transaktionsbetrag

- Sequenznummer für Zahlungstransaktionen

- Sequenznummer für Ladetransaktionen

- Logdatei mit den letzten 15 Zahlungstransaktionen

- Logdatei mit den letzten 3 Lade-/Entladetransaktionen

Bei Zahlung mit Kreditkarte oder über ec-Lastschrift werden sämtliche Transaktionsdaten an einem zentralen Punkt gesammelt und können direkt einer bestimmten Person zugeordnet werden. Dadurch entstehen regelrechte Zahlunsgprofile, die direkt Auskunft über die Kaufgewohnheiten eines Menschen geben können.

Auch bei der GeldKarte werden die Transaktionen in den Evidenzzentralen gesammelt und Schattensalden geführt. Die Daten sind jedoch nicht personenbezogen, sondern lediglich einer GeldKarten-Nummer zugeordnet.

Um Manipulationen des GeldKarten-Zahlungssystems zu unterbinden müssen unter anderem folgende Bedingungen erfüllt werden:

- die Daten auf der GeldKarte dürfen von Unbefugten nicht verändert werden können und

- es darf nicht möglich sein, gegenüber den beteiligten Terminals die Funktionalität einer GeldKarte zu simulieren.

Für die Sicherheit der Kartendaten ist das Betriebssystem der Chipkarte (COS[76]) zuständig. Jeder Zugriff auf die Daten der Karte erfolgt über Lese- oder Schreibkommandos, die zur Karte übermittelt werden. Das Betriebsystem der Karte prüft dann, ob die Bedingungen für den Zugriff auf die gewünschten Daten erfüllt sind. Ist dies nicht der Fall, so wird das Kommando abgelehnt. Um beispielsweise das Guthaben auf der Geld-Karte zu erhöhen, muß ein Ladekommando zur Karte gesendet werden, welches mit einem Message Authentication Code (MAC) versehen ist. Der MAC stellt eine kryptographische Prüfsumme dar, die über das Triple-DES-Verfahren[77] erzeugt wurde.

Eine Veränderung des Ladekommandos oder die Generierung eines korrekten Ladekommandos ist ohne Kenntnis des zugehörigen 16 Byte langen DES-Schlüssels nicht möglich. Genau wie beim Ladevorgang werden auch alle Kommandos während eines Zahlungsvorgangs über einen MAC gesichert. Eine Manipulation der übermittelten Kommandos oder die Simulation einer realen GeldKarte ist auch hier ohne eine Kenntnis des benötigten Schlüssels nicht möglich. Replay-Attacken (Wiederholung eines früher übermittelten Kommandos) werden durch die Sequenznummern verhindert.

3.5.3.1. Ladevorgang

Zum Aufladen der GeldKarten stehen prinzipiell zwei Methoden zur Verfügung:

* Laden gegen das Bezugskonto des Karteninhabers
* Laden gegen Barzahlung

Beim Laden gegen das Konto muß der Karteninhaber zunächst seine PIN eingeben. Die PIN wird von der GeldKarte geprüft. Anschließend liest das Ladeterminal die Daten der GeldKarte und prüft diese auf Gültigkeit. Das Terminal zeigt das aktuelle Guthaben sowie den maximal möglichen Ladebetrag[78] an und der Karteninhaber wählt den gewünschten Ladebetrag. Das Ladeterminal baut eine Verbindung zur Ladezentrale[79] auf und übermittelt eine Autorisierungsanfrage. Die Ladezentrale prüft die Anfrage, bucht den Ladebetrag vom Karteninhaberkonto auf das Börsenverrechnungskonto um und

---

[76] Card Operating System (vgl. Schaumüller-Bichl (1994) S. 600)
[77] Modifikation von DES, die mit 112 Bit oder 168 Bit Gesamtschlüssellänge arbeitet
[78] Der maximale Ladebetrag ist die Differenz aus dem maximalen Börseninhalt (derzeit 400,-- DM) und dem noch vorhandenen Kartenrestsaldo
[79] Rechenzentrum des kartenausgebenden Instituts

sendet anschließend eine Autorisierungsantwort zum Ladeterminal zurück. Die Antwort-daten werden an die GeldKarte weitergereicht, die das Guthaben auf den neuen Betrag aktualisiert. Kann der Ladevorgang der GeldKarte nicht erfolgreich abgeschlossen wer-den, nimmt die Ladezentrale die Buchung des Ladebetrags vom Kundenkonto zurück.

Beim Laden gegen Barzahlung wird der Ladebetrag nicht von einem Konto des Kar-teninhabers auf des Börsenverrechnungskonto überwiesen, sondern von einem Konto des Ladeterminalbetreibers. Daher muß der Karteninhaber dem Betreiber des Ladeterminals vorher den gewünschten Ladebetrag entweder über Bargeld oder über Zahlung mit einer Kreditkarte zur Verfügung gestellt haben. Eine Eingabe der PIN ist bei diesem Ladever-fahren nicht notwendig.

3.5.4. Zahlungsvorgang

Zur Zahlung mit der GeldKarte muß weder eine Unterschrift geleistet werden, noch ei-ne PIN eingegeben werden. Es wird auch keine Online-Verbindung zu einem Bankrech-ner während der Zahlung benötigt. Dadurch nimmt eine Zahlung mit der GeldKarte wenig Zeit in Anspruch, allerdings besteht auch keine Möglichkeit, eine Karte bei Verlust zu sperren. Der Ablauf der Zahlung im einzelnen:

- Der Händler gibt den Zahlungsbetrag in das Terminal ein.
- Der Kunde bestätigt den Betrag entweder durch Einstecken der GeldKarte oder durch Drücken der Bestätigungstaste am Terminal.
- Das Terminals prüft, ob eine GeldKarte vorliegt und liest anschließend die Identifika-tionsdaten der Karte, sowie das aktuelle Guthaben. Reicht das Guthaben der Karte zur Zahlung aus und sind alle Identifikationsdaten gültig (z.B. Verfallsdatum), wird das aktuelle Guthaben am Display ausgegeben und mit der Zahlung fortgefahren.
- Die GeldKarte muß gegenüber der Händlerkarte ihre Authentizität nachweisen. Dazu generiert die Händlerkarte eine Zufallszahl, die als Teil eines „Abbuchen einleiten"-Kommandos an die GeldKarte übermittelt wird. Die GeldKarte bildet mittels eines DES-Schlüssels ein Chiffrat der Zufallszahl und sendet das Ergebnis an die Händler-karte. Hat die Händlerkarte mit ihrem Schlüssel dasselbe Ergebnis errechnet, so wird die GeldKarte als echt akzeptiert.

Die Händlerkarte generiert nun ein MAC-gesichertes Kommando zur Abbuchung des Zahlungsbetrags von der GeldKarte, welches zur GeldKarte übermittelt wird.

- Die GeldKarte reduziert das aktuelle Guthaben um den Zahlungsbetrag und sendet eine MAC-gesicherte Antwortnachricht zum Terminal, das die Transaktionsdaten sowie die Kontodaten der GeldKarte enthält.

- Das Terminal gibt das neue Guthaben am Display aus und fordert den Karteninhaber dazu auf, die Karte zu entnehmen. Für den Kunden ist die Zahlung damit abgeschlossen.

- Anschließend sendet das Terminal die Antwort der GeldKarte auf das Abbuchen-Kommando zur Händlerkarte. Die Händlerkarte ergänzt die Antwortdaten und versieht das gesamte mit einem Zertifikat (CBC-MAC). Der so erzeugte Transaktionsdatensatz wird an das Terminal übermittelt, welches diesen abspeichert.

- Alle im Terminal gespeicherten Transaktionsdatensätze werden im Verlauf des Kassenabschluß zur zuständigen Evidenzzentrale des Händlers übermittelt. Die Evidenzzentrale transferiert die jeweiligen Transaktionsbeträge von den Börsenverrechnungskonten auf das Konto des Händlers.

3.5.5. Abrechnungsverfahren

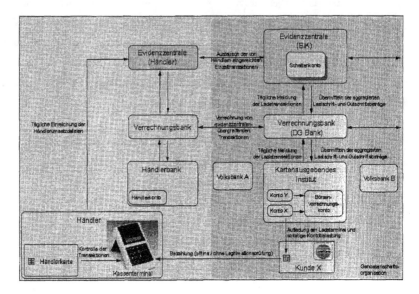

Abb. 16: Abwicklung des Zahlungsverkehrs mit der GeldKarte
(Quelle: Eigene Darstellung)

- Der Bankkunde erhält von seiner Bank eine ec-Karte mit GeldKarten-Funktion.
- Händler erhalten von ihrer Bank ebenfalls eine Chipkarte. Die Händlerkarten werden in den Kassenterminals installiert.
- Der Bankkunde kann auf seine GeldKarte an einem Ladeterminal einen Betrag bis zu 400 DM aufbringen („aufladen").
- Der Ladebetrag und ggf. eine Gebühr wird vom Bezugskonto der Karte beim Kartenausgebenden Bankinstitut abgebucht. Der Ladebetrag wird dem Börsenverrechnungskonto gutgeschrieben.
- Der Kunde tätigt eine Zahlung beim Händler mittels seiner GeldKarte. Im Verlauf der Transaktion wird der Zahlungsbetrag von der GeldKarte abgebucht. Die Händlerkarte erzeugt einen zertifizierten Zahlungsdatensatz, der die Höhe der Zahlung, die beteilig-

te GeldKarte sowie Datum und Uhrzeit der Transaktion enthält. Dieser Transaktionsdatensatz wird im Händlerterminal zwischengespeichert.

- Der Transaktionsdatensatz wird zur Evidenzzentrale des Händlers übermittelt.

- Die Evidenzzentrale veranlaßt eine Gutschrift auf dem Konto des Händlers in Höhe
der durchgeführten Zahlung. Das Börsenverrechnungskonto der GeldKarte wird um
den entsprechenden Betrag verringert.

3.5.6. Vor- und Nachteile der GeldKarte

Vorteile	Nachteile
➢ Die Zahlung mit der GeldKarte ist schnell und einfach	➢ Die Karte kann nur bei autorisierten Händlern und Banken entladen werden
➢ Es sind keine besondere Autorisierungen oder Unterschriften erforderlich	➢ Bei Verlust oder Diebstahl der Karte kann jedermann über das gespeicherte Guthaben verfügen
➢ Die GeldKarte macht unabhängig von abgezähltem Kleingeld	➢ Die GeldKarte ist nur in Deutschland bei Bezahlung von DM-Beträgen einsetzbar
➢ Die GeldKarte erlaubt Zahlung jedes beliebigen Betrages	
➢ Die Ausgaben sind durch den in der Karte geladenen Guthabenbetrag limitierten	
➢ Der aktuelle Saldo kann jederzeit überprüft werden	
➢ Im Gegensatz zu Bargeld bietet die GeldKarte ein Protokoll der jeweils letzten fünfzehn Verfügung, die so auch später noch kontrolliert werden können	

Tab. 1: Vor- und Nachteile der GeldKarte aus Verbrauchersicht

Die Vor- und Nachteile des GeldKarte-Systems stellen die beiden Tabellen gegenüber.
Einerseits aus Sicht des Konsumenten, andererseits aus Sicht des Händlers.

Vorteile	Nachteile
➤ Keine Online Zahlungsautorisierung während des Zahlungsvorgangs nötig	➤ Zu hohe Transaktionskosten (0,3 %; mind. 7 Pf.) für Branchen mit geringen Gewinnmargen (z.B. Lebensmittelbranche)
➤ Weniger Wechselgeld nötig	➤ „Kinderkrankheiten" im System
➤ Schnelle Bearbeitung der Bezahlung	➤ Momentan geringe Akzeptanz bei den Kunden
➤ Keine Systemausfälle aufgrund fehlender Kommunikationsverbindungen	➤ Gefahr in eine Übergangstechnologie zu investieren
➤ Keine laufenden Kommunikationskosten	
➤ Niedriges Händlerentgelt im Vergleich zu anderen kartengebundene Zahlungsverfahren	
➤ Flexible Preispolitik bei Automaten möglich	
➤ Beraubungsrisiko ist geringer	
➤ Keine Fehler bei Herausgabe von Wechselgeld	
➤ GeldKarten-Zahlungen sind durch die deutsche Kreditwirtschaft garantiert.	

Tab. 2:   Vor- und Nachteile der GeldKarte aus Händlersicht

4. Empirische Untersuchung zur Akzeptanz von interaktiven Bankdienstleistungen

Im Rahmen dieser Diplomarbeit wurde im März 1997 eine Konsumentenbefragung in Form standardisierter Interviews durchgeführt. Ziel dieser Untersuchung war es, Informationen über die Kenntnis und Nutzung interaktiver Bankdienstleistungen zu erhalten. Von besonderem Interesse waren hierbei die folgenden Fragen:

- Welche interaktiven Bankdienstleistungen werden genutzt?

- Gibt es Akzeptanzschwellen in Form von Bedienungshindernissen?

- Gibt es Unterschiede zwischen Kunden einer Automatenfiliale und einer Standardfiliale?

Schwerpunktmäßig wurde zudem auf die neuen Dienstleistungen „Überweisungsterminal und GeldKarte" eingegangen. Insbesondere die Geldkartenfunktionalität auf den ec-Karten war zum Befragungszeitpunkt erst kurz verfügbar (vgl. FAZ (1997b); Handelsblatt (1997a)). Die ersten Ladeterminals wurden Ende Januar 1997 in den Filialen der Volksbank Freiburg eG installiert.

4.1. Konzeption der Konsumentenbefragung

4.1.1. Umfeld

Die Volksbank Freiburg eG gehörte 1995 mit einer Bilanzsumme von 2,19 Milliarden DM zur Top 50 der 1000 größten Genossenschaftsbanken in Deutschland. In der jährlich vom Bundesverband der deutschen Volksbanken und Raiffeisenbanken publizierten Übersicht rangierte Sie an 42. Stelle (Düren (1996)).

Im Jahr 1996 ist die Bilanzsumme um 8,4 % auf 2,37 Milliarden DM gestiegen. Zum Jahresende 1996 beschäftigte die Bank 490 Mitarbeiter, die 118.000 Kunden betreuten.

Die Volksbank Freiburg verfügt über 29 Geschäftsstellen. Es ist somit eine gute vor Ort Betreuung der Kunden gewährleistet.

Die Interviews wurden in zwei Geschäftsstellen im März 1997 durchgeführt. Zum Einen am 12.03. und 13.03.1997 in der Filiale Martinstor und zum Anderen am 14.03. und 19.03.1997 in der Zentrale (Hauptstelle).

Diese Auswahl wurde getroffen, da es sich bei der Filiale am Martinstor um eine relativ neue Automatenzweigstelle[80] handelt. Die Kunden finden dort eine Vielzahl von Selbstbedienungsautomaten vor um Ihre Bankgeschäfte zu erledigen. Bei Problemen steht Ihnen der Filialleiter zur Verfügung, der auch Beratungsgespräche führt und Abschlüsse tätigt. Primär ist die Filiale jedoch zur automatisierten Abwicklung des Massengeschäfts konzipiert, zumal Sie durch die Innenstadtlage für das Laufpublikum ideal postiert ist. Ein weiterer Vorteil ist die Nähe zur Universität, die zu einem großen studentischen Kundenkreis führt.

Die Zentrale der Volksbank Freiburg ist am Hauptbahnhof gelegen und ebenfalls mit einer Vielzahl von Selbstbedienungsautomaten ausgestattet. Insbesondere verfügt Sie, ebenso wie die Filiale am Martinstor, über ein Überweisungsterminal.

4.1.2. Entwurf des Fragebogens

Der Fragebogen[81] gliedert sich im wesentlichen in drei Teile. Neben einem Teil mit reinen Faktfragen zur Kenntnis und Nutzung von interaktiven Bankdienstleistungen und einem soziodemographischen Teil, lag der Schwerpunkt des Interviews auf Einstellungsfragen (vgl. Böhler (1991) S. 106 ff.; Nieschlag / Dichtl / Hörschgen (1988) S. 656 ff.) zu den beiden Dienstleistungen „Überweisungsterminal und GeldKarte".

Die Fragen waren vorwiegend als geschlossene Fragen formuliert. Bei den Skalierungsfragen wurde jeweils eine fünfstufige Ratingskala (vgl. Böhler (1991) S. 111-113; Nieschlag / Dichtl / Hörschgen (1988) S.648 ff.) verwendet.

Wichtiges Gestaltungsmerkmal war die zu erwartende Interviewdauer. Wie sich bei der Befragung herausstellte wird eine Interviewdauer von 10-15 Minuten als absolutes Limit empfunden. Ein umfangreicherer Fragebogen kann zwar mehr Themen abdecken und vertiefen, jedoch wird es ungemein schwieriger Interviewpartner zu finden.

---

[80] Eröffnung: Mai 1995
[81] Der Fragebogen ist im Anhang beigefügt

Insgesamt enthielt der Fragebogen 8 Hauptfragenkomplexe die teilweise in weitere Fragen unterteilt waren. Die Hauptfragenkomplexe wurden jeweils mit einem Einleitungstext begonnen. Diese bewertungsneutrale Information wurden den Befragten jeweils vorgelesen. Bei den Skalierungsfragen zu Überweisungsterminal bzw. GeldKarte dienten Sie der Bildung einer kognitiven Komponente der Einstellung[82] gegenüber diesen Dienstleistungen (vgl. Oehler (1989) S. 117).

4.1.3. Fragebogenerhebung

An den 4 Erhebungstagen wurden insgesamt 79 Interviews geführt von denen 2 vorzeitig abgebrochen wurden. Es standen somit 77 ausgefüllte Fragebogen für die weitere Auswertung zur Verfügung, von denen 39 auf die Filiale Martinstor und 38 auf die Zentrale entfielen.

---

[82] „Die Kennzeichnung 'kognitive Komponente der Einstellung' ist tautologisch, da alle Komponenten der Einstellung im kognitiven Bereich verankert sind." Behrens (1991) S. 112

4.2. Auswertung

Die Auswertung der Erhebung erfolgte vorwiegend mit dem Statistiksoftwarepaket SPSS für Windows in der Version 6.0.1.

Für die konfirmatorische Faktorenanalyse wurde LISREL[83] 7.20 in der DOS-Version eingesetzt. Zwar ist für SPSS ein Zusatzmodul LISREL verfügbar, jedoch war dies in der verwendeten SPSS Version nicht lizensiert. Eine Einführung in SPSS findet sich u. a. in Lehnert (1994), eine Beschreibung des Zusatzmoduls LISREL in Bühl (1996).

4.2.1. Soziodemographische Merkmale

4.2.1.1. Geschlecht und Altersstruktur

Die Gesamtstichprobe setzt sich aus 43 (56 %) männlichen und 34 (44 %) weiblichen Personen zusammen.

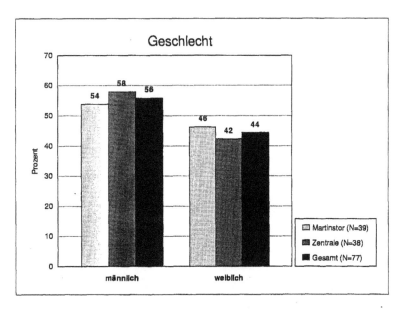

Abb. 17: Geschlechterverteilung in den Teilstichproben und der Gesamtstichprobe

---

[83] Eine Übersicht mit weiteren Programmen zur Kausalanalyse findet sich unter: http://students.gsm.uci.edu/~joelwest/SEM/

Der Frauenanteil unter den Interviewten der Filiale Martinstor beträgt 46 % und ist somit leicht höher als in der Gesamtstichprobe. Insgesamt ist die Geschlechtsverteilung in den beiden Teilstichproben jedoch nahezu identisch. Abbildung 17 verdeutlicht die Zusammenhänge nochmals.

Das Durchschnittsalter aller Befragten liegt bei ca. 36 Jahren. In der Filiale Martinstor liegt das Durchschnittsalter bei ca. 31 Jahren und variiert zwischen 15 und 56 Jahren. Die Befragten in der Zentrale weisen demgegenüber ein Durchschnittsalter von ca. 41 Jahren auf, der jüngste Befragte war dort 19 Jahre, der älteste 69 Jahre alt. Die Automatenfiliale wird somit tendenziell von jüngeren Kunden aufgesucht, immerhin gab dort über die Hälfte (51 %) aller Interviewten an, 29 Jahre oder jünger zu sein.

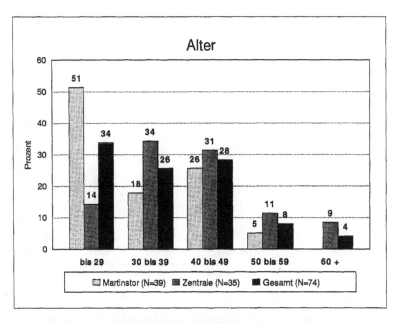

Abb. 18: Altersstruktur in den Teilstichproben und der Gesamtstichprobe

Ein durchgeführter T-Test[84] bestätigte diesen signifikanten Unterschied der Mittelwerte (Durchschnittsalter) in den beiden Teilstichproben. Die Differenz von 10 Jahren beim Durchschnittsalter ist somit nicht rein zufällig.

4.2.1.2. Schulbildung und Berufstätigkeit

Wie die nachfolgende Grafik veranschaulicht ist der in der Gesamtstichprobe am häufigsten genannte Schulabschluß das Abitur (41 %). In der Stichprobe in der Filiale am Martinstor gaben sogar über die Hälfte aller Befragten (51 %) an, diesen Schulabschluß erreicht zu haben. Demgegenüber ist der am häufigsten genannte Bildungsabschluß bei den Befragten in der Zentrale das Studium (47 %).

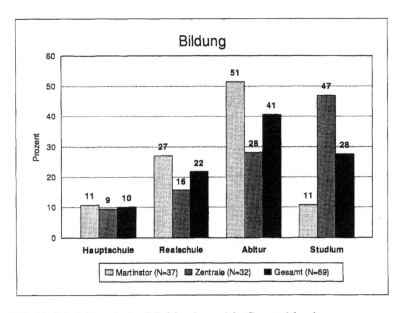

Abb. 19: Schulbildung in den Teilstichproben und der Gesamtstichprobe

---

[84] Der T-Test prüft, ob die Differenz zwischen zwei Stichproben-Mittelwerten signifikant ist oder nicht. Voraussetzung für die Anwendung des T-Test sind Intervallskalenniveau und Normalverteilung (vgl. Nieschlag / Dichtl / Hörschgen (1988) S. 659; Lehnert (1994) S. 123; Friede / Schirra-Weirich (1992) S. 213). Als Signifikanzniveau wurde 0,01 verwendet.

Der hohe Anteil von Abiturienten in der Teilstichprobe Martinstor ist durch die räumliche Nähe dieser Filiale zur Universität und den dadurch bedingten großen studentischen Kundenanteil erklärbar. Dies geht auch aus der Tabelle über die Berufstätigkeit hervor. Die nachfolgende Tabelle 3 liefert detaillierte Informationen über die Berufstätigkeit der Befragten.

	Martinstor		Zentrale	
	Beruf		Beruf	
Schüler(in)/Auszubildende(r)	5	13,2%		
Student(in)	9	23,7%	2	5,3%
Hausfrau/Hausmann	1	2,6%	3	7,9%
Rentner(in)			4	10,5%
Arbeiter(in)	1	2,6%	1	2,6%
Angestellte(r) in Privatwirtschaft	11	28,9%	11	28,9%
Angestellte(r) im öff. Dienst	5	13,2%	4	10,5%
Beamte(r)			1	2,6%
Selbstständige(r)	3	7,9%	8	21,1%
Sonstiges	3	7,9%	4	10,5%
Summe	38	100,0%	38	100,0%

Tab. 3: Berufstätigkeit in den Teilstichproben

In beiden Gruppen ist die Zahl der Angestellten in der Privatwirtschaft mit je 11 Nennungen (29 %) am größten. Bei den Interviewten der Filiale Martinstor bilden die Studenten mit 24 % die zweitgrößte Gruppe. In der Stichprobe aus der Zentrale sind dies die Selbständigen mit 8 Nennungen (21 %).

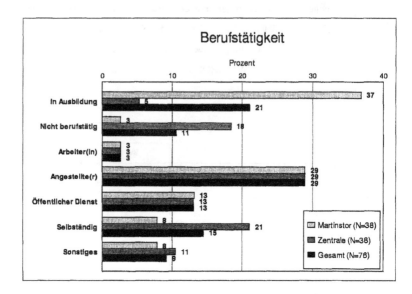

Abb. 20: Berufstätigkeit in den Teilstichproben und der Gesamtstichprobe

In der Abbildung 20 zur Berufstätigkeit sind die einzelnen Berufe zu Gruppen zusammengefaßt. Schüler und Studenten bilden die Gruppe „In Ausbildung", Hausfrauen und Rentner die Gruppe „Nicht berufstätig" und die Angestellten im öffentlichen Dienst sind mit den Beamten in der Gruppe „Öffentlicher Dienst" summiert.

Erwartungsgemäß gab ein Großteil der Kunden von der Filiale Martinstor an, in Ausbildung (37 %) zu sein. Die zweitgrößte Gruppe bilden die Angestellten in der Privatwirtschaft mit 29 %.

Ein Großteil der Interviewten in der Zentrale sind Angestellte in der Privatwirtschaft (29 %). Weiterhin bilden die Selbständigen mit 21 % und die nicht Berufstätigen mit 18 % die zweit- bzw. drittgrößte Gruppe.

72

4.2.1.3. Haushaltsgröße und Haushaltsnettoeinkommen

Die Verteilung der Haushaltsgröße in den Stichproben zeigt Abbildung 21. Der größte Teil (30 %) aller Befragten gab an in einem vier und mehr Personen Haushalt zu leben. Bei den Interviewten der Filiale Martinstor trifft dies sogar für 36 % zu, gefolgt von den Zweipersonen Haushalten mit 26 %. In der Zentrale wurde der Zweipersonen Haushalt mit 30 % als häufigste Haushaltsgröße genannt.

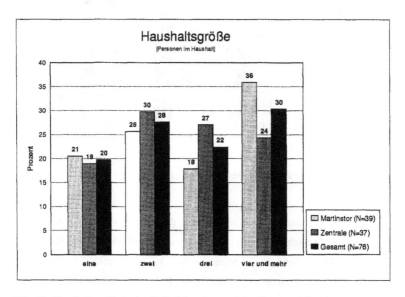

Abb. 21: Haushaltsgröße in den Teilstichproben und der Gesamtstichprobe

Zur Erhebung des Haushaltsnettoeinkommens wurden 6 Einkommensklassen vorgegeben, in die sich die Befragten einordnen sollten. Für die weitere Analyse wurden diese Klassen zu 3 Gruppen zusammengefaßt. Ein Drittel der Befragten (N=30) wollte zu dieser Frage keine Angaben machen.

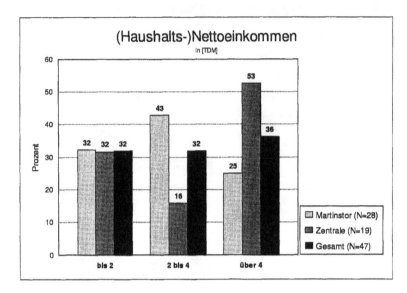

Abb. 22: (Haushalts-)Nettoeinkommen in den Teilstichproben und der Gesamtstichprobe

In der Gesamtstichprobe überwiegt die Gruppe mit einem Haushaltsnettoeinkommen von über 4.000,- DM die beiden anderen, auf die jeweils 32 % entfallen.

Bei den Befragten der Filiale am Martinstor verfügen 43 % über ein Haushaltsnettoeinkommen zwischen 2.000,- und 3.000,- DM. Der Anteil der Einkommen bis 2.000,- DM ist mit 32 % identisch, wohingegen der Anteil über 4.000,- DM mit 25 % geringer ist, als unter den Interviewten in der Zentrale.

4.2.2. Kenntnis und Nutzung von interaktiven Bankdienstleistungen

4.2.2.1. Bekanntheit von interaktiven Bankdienstleistungen

Bei der Abbildung 23 über die Bekanntheit von interaktiven Bankdienstleistungen sind Kontoauszugsdrucker und Geldautomat nicht aufgeführt, da alle Interviewten (100 %) angaben, diese Dienstleistungen zu kennen.

In der Gesamtstichprobe wurde der Geldwechselautomat am dritthäufigsten genannt (91 %), gefolgt von T-Online Kontoservice, den 63 Befragte (82 %) angaben zu kennen. Telefon-Banking wurde 61 mal (79 %) genannt und ca. drei Viertel aller Befragten (74 %) kannte bereits das Ladeterminal für die GeldKarte.

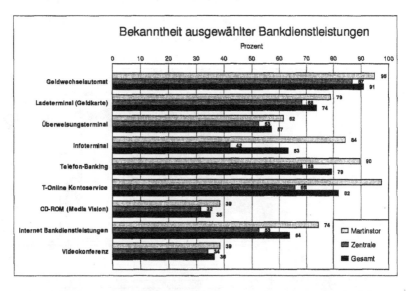

Abb. 23: Bekanntheit ausgewählter Bankdienstleistungen in den Teilstichproben und der Gesamtstichprobe

In den Teilstichproben fällt bei der Filiale am Martinstor der hohe Anteil von Kennern des Infoterminals in Vergleich zur Zentrale auf. Dies rührt daher, daß dieses Terminal nur in der Filiale am Martinstor vorhanden ist und Kunden der Zentrale somit in der

Regel damit nicht in Kontakt treten. Die Interviewten der Filiale Martinstor verfügen durchweg über ein höheres Wissen bezüglich der interaktiven Bankdienstleistungen. Insbesondere kannten über 97 % den T-Online Kontoservice und 90 % die Dienstleistung Telefon-Banking.

Überraschend ist der niedrige Bekanntheitsgrad der CD-ROM die nur 35 % aller Befragten kannten. Sogar die Beratung über Videokonferenz wurde mit 28 Nennungen (36 %) häufiger genannt.

4.2.2.2. Nutzung von interaktiven Bankdienstleistungen

Bei der Abbildung über die Nutzungshäufigkeit fällt auf, daß jeweils ca. ein Fünftel aller Befragten weder den Kontoauszugsdrucker noch den Geldausgabeautomat nutzen. Die häufigste Nennung bei diesen beiden Dienstleistungen war mit 27 % bzw. 31 % jeweils eine bis zu viermalige Nutzung pro Monat.

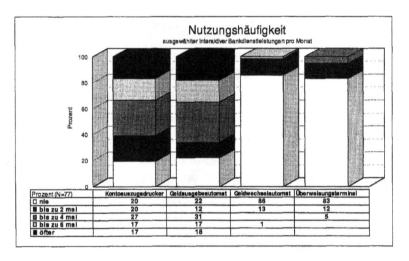

Prozent (N=77)	Kontoauszugsdrucker	Geldausgabeautomat	Geldwechselautomat	Überweisungsterminal
□ nie	20	22	86	83
■ bis zu 2 mal	20	12	13	12
▨ bis zu 4 mal	27	31		5
□ bis zu 6 mal	17	17	1	
■ öfter	17	18		

Abb. 24: Nutzung ausgewählter Bankdienstleistungen in der Gesamtstichprobe

Geldwechselautomat und Überweisungsterminal werden von über 80 % der Kunden nicht genutzt. Bei den Nutzern dieser Dienste überwiegt die bis zu zweimalige Nutzung pro Monat.

Die ec-Karte wird von 85 % aller ec-Karteninhaber zur Bargeldbeschaffung am Geldautomat genutzt. Drei Viertel setzten sie als POS-Karte mit Unterschriftslegitimation und zwei Drittel als POS-Karte mit PIN-Identifizierung ein. Am seltensten wird die ec-Karte bei der garantierten Bezahlung mit Euroschecks verwendet. Nur noch 58 Prozent nutzen diese ursprüngliche Scheckkartenfunktion[85].

Bei der Barabhebung überwiegt eine bis zu viermalige Nutzung pro Monat. Bei den anderen Funktionen war die häufigste Nennung eine bis zu zweimaliger Einsatz im Monat.

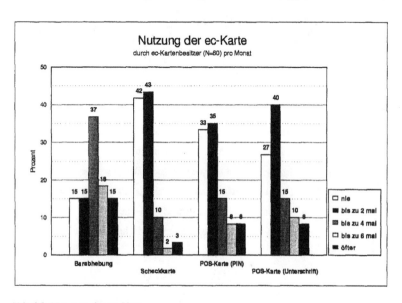

Abb. 25: Nutzung der ec-Karte

---

[85] In der Kreditwirtschaft wird bereits darüber diskutiert diese Scheckgarantiefunktion abzuschaffen (vgl. Handelsblatt (1997b))

4.2.2.3. Bedienungsfreundlichkeit von interaktiven Bankdienstleistungen

Einen Überblick über die empfundene Selbsterklärung bei der erstmaligen Nutzung der verschiedenen interaktiven Bankdienstleistungen zeigt die nachfolgende Tabelle.

Selbsterklärung beim ersten Kontakt	sehr übersichtlich		übersichtlich		teils / teils		unübersichtlich		sehr unübersichtlich	
	Anzahl	Prozent	Anzahl	Prozent	Anzahl	Prozent	Anzahl	Prozent	Anzahl	Prozent
Kontoauszugsdrucker	N=36	51,4%	N=31	44,3%	N=2	2,9%	N=1	1,4%		
Geldausgabeautomat	N=20	30,8%	N=37	56,9%	N=6	9,2%	N=2	3,1%		
Geldwechselautomat	N=2	9,1%	N=15	68,2%	N=3	13,6%	N=2	9,1%		
Geldkartenterminal			N=3	42,9%	N=4	57,1%				
Überweisungsterminal	N=2	13,3%	N=11	73,3%	N=2	13,3%				
Infoterminal	N=3	30,0%	N=5	50,0%	N=2	20,0%				
Telefon-Banking			N=4	66,7%	N=2	33,3%				
T-Online Kontoservice	N=2	40,0%	N=2	40,0%	N=1	20,0%				
CD-ROM (Media Vision)	N=1	25,0%	N=1	25,0%	N=1	25,0%			N=1	25,0%
Internet Bankdienstleistungen			N=1	100%						

Tab. 4: Selbsterklärung beim ersten Kontakt mit der Dienstleistung

In der Tabelle ist neben den prozentualen Werten jeweils die tatsächliche Anzahl von Nennungen angegeben. Beispielsweise empfanden 36 von 70 Kennern (51 %) des Kontoauszugsdruckers diesen sehr übersichtlich. Demgegenüber stufen 15 von 22 Befragten (68 %), die den Geldwechselautomat bereits genutzt haben, diesen als übersichtlich ein.

Gleich aufgebaut ist die untenstehende Tabelle. Sie zeigt die totalen Nennungen und prozentualen Werte der empfundenen Einfachheit/Kompliziertheit bei der weiteren Nutzung.

Einfachheit bei der weiteren Nutzung	sehr einfach		einfach		teils / teils		kompliziert	
	Anzahl	Prozent	Anzahl	Prozent	Anzahl	Prozent	Anzahl	Prozent
Kontoauszugsdrucker	N=55	78,6%	N=14	20,0%	N=1	1,4%		
Geldausgabeautomat	N=45	69,2%	N=18	27,7%	N=2	3,1%		
Geldwechselautomat	N=7	31,8%	N=11	50,0%	N=4	18,2%		
Geldkartenterminal					N=5	71,4%	N=2	28,6%
Überweisungsterminal	N=4	26,7%	N=8	53,3%	N=3	20,0%		
Infoterminal	N=5	50,0%	N=5	50,0%				
Telefonbanking					N=4	66,7%	N=2	33,3%
T-Online Kontoservice	N=1	20,0%	N=4	80,0%				
CD-ROM (Media Vision)					N=3	75,0%	N=1	25,0%
Internet Bankdienstleistungen	N=1	100%						

Tab. 5: Einfachheit der Bedienung bei der weiteren Nutzung

Allgemein ist beim Vergleich der beiden Tabellen festzustellen, daß die Bedienung der Geräte nach einer gewissen Eingewöhnungsphase leichter empfunden wird.

Dieses Ergebnis zeigt auch die Abbildung 26 über die Bedienungsfreundlichkeit. Hierzu wurden den einzelnen Antwortmöglichkeiten Skalenwerte zugewiesen. So steht die 1 für „sehr übersichtlich", die 2 für „übersichtlich" und so weiter. Der Antwortmöglichkeit „sehr unübersichtlich" ist schließlich der Wert 5 zugeordnet. Für die einzelnen Dienstleistungen wurde dann der Mittelwert über diese Skalenwerte ermittelt.

Das gleiche Vorgehen wurde auch für die Einfachheit/Kompliziertheit bei der weiteren Nutzung verwand. Der Antwortmöglichkeit „sehr einfach" ist beispielsweise der Wert 1 zugeordnet.

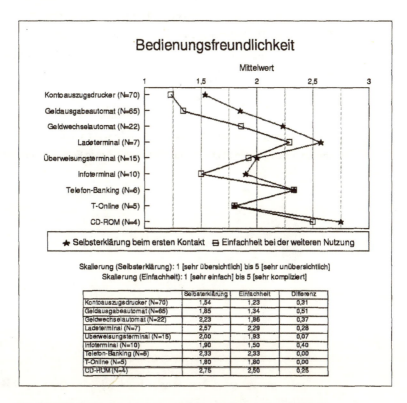

Abb. 26: Mittelwertvergleich der empfundene Bedienungsfreundlichkeit von ausgewählten interaktiven Bankdienstleistungen

Die errechneten Mittelwerte sind in dem Diagramm gegeneinander aufgetragen. Man erkennt, daß die Bedienung des Kontoauszugsdruckers sowohl zu Beginn, als auch bei der weiteren Nutzung am einfachsten von allen interaktiven Dienstleistungen empfunden wird. Am schwierigsten wird die Bedienung der CD-ROM empfunden, sowohl am Anfang wie auch nach einer gewissen Eingewöhnungszeit. Allerdings ist zu bedenken, daß lediglich 4 der 77 Befragten die CD-ROM bereits genutzt hatten. Die ermittelten Werte stützen sich somit auf eine zu kleine Population.

Wie die Wertetabelle in der obigen Abbildung zeigt, wurde die größte Verbesserung bei der Bedienung des Geldausgabeautomaten ermittelt. Der Mittelwert sank von 1,85 um 0,51 auf 1,34. Die Bedienung dieses Gerätes finden 69 % aller Nutzer sehr einfach, 28 % einfach und lediglich 3 % teils/teils. Keiner der Nutzer gab an, daß dieses Gerät kompliziert in der Bedienung ist.

Eine weitere Besonderheit zeigen die beiden Online-Angebote. Sowohl bei der Nutzung des Telefon-Banking, als auch bei der Verwendung des T-Online Kontoservice ist keine Verbesserung erkennbar. Da diese Dienste jedoch nur von 6 bzw. 5 der Interviewten genutzt werden, ist die Stichprobe für eine abschließende Beurteilung zu klein.

4.3. Akzeptanzuntersuchung

Bei der Beschäftigung mit Fragestellungen im Spannungsfeld der Akzeptanzforschung stellt man sehr schnell fest, daß dem Akzeptanzbegriff „... eine äußerst heterogene Begriffsfassung zugrunde liegt". [...] Lediglich in der englischen Ursprungsverwendung entdeckt er (Pressmar; Anm. d. V.) eine eindeutige Abgrenzung. „Demnach kann Akzeptanz als zustimmendes Hinnehmen oder Bejahen des Annehmens einer Situation, eines Objekts oder einer Person verstanden werden." Diese relative Klarheit des Terminus acceptance ist in der deutschen Sprache allerdings verloren gegangen. Der Begriff Akzeptanz ist in zunehmendem Maße mit anderen Begriffen wie Einstellung, Attitüde, Benutzeradäquanz, Akzeptabilität, Adoption etc. vermischt worden und „es gibt nur wenige Versuche in der aktuellen Akzeptanzdiskussion, den Begriff Akzeptanz zu definieren; dies steht im Gegensatz zur Häufigkeit seines Gebrauchs".
(Müller-Böling / Müller (1986) S. 18)

Wie in dem obigen Zitat bereits angedeutet, wird der Begriff Akzeptanz in einer Vielzahl von unterschiedlichen Definition verwendet. Auf eine ausführliche Darstellung der Akzeptanztheorie wird an dieser Stelle verzichtet. Einen Überblick[86] über den momentanen Stand der Akzeptanzforschung findet man bei Filipp (1996) und mit soziologischem Schwerpunkt bei Lucke (1995).

Im lexikalischen Sinne (Bertelsmann (1996)) bedeutet der aus dem Lateinischen kommende Begriff Akzeptanz „die Bereitschaft, etwas anzunehmen, zu akzeptieren". Diese Definition ist jedoch für die wissenschaftliche Handhabung ungeeignet, da über die „Art der Annahme" keine Aussage gemacht wird. Das Wort akzeptieren enthält nämlich sowohl Momente des englischen „to adopt" wie des „ to adapt „ und somit ist Akzeptanz sowohl als Adoptionsakzeptanz als auch als Adaptionsakzeptanz interpretierbar (Kollmann (1996) S. 63).

In der vorliegende Arbeit stellt die Einstellung zu Überweisungsterminal und GeldKarte den wesentlichen Indikator der Akzeptanz dieser beiden interaktiven Bankdienstleistungen dar (vgl. Oehler (1989) S. 155). Zur Messung dieser Einstellungsakzeptanz findet das in Müller-Böling / Müller (1986; S. 35) praktizierte ADV-Attitüdenkonzept Verwendung. Die Einstellungsakzeptanz ist dort definiert als „relativ dauerhafte kognitive und affektive Wahrnehmungsorientierung [...]".

---

[86] vgl. zudem: Allerbeck / Helmreich (1984); Anstadt(1994); Helmreich (1980); Helmreich (1991); Kollmann (1996); Müller-Böling / Müller (1986); Picot / Reichwald (1987); Schönecker (1985).

Im Rahmen der empirischen Erhebung wurden jeweils acht Indikatoren für jede der beiden Dienstleistungen erhoben. Dies waren jeweils vier positive Aspekte und vier negative Aspekte (vgl. Fragebogen). Die aufgestellten Hypothesen über die Beziehungen zwischen den Indikatoren und den latenten Variablen sollen am vorliegenden empirischen Datensatzes überprüft und gegebenenfalls in weiteren Analysen verwendet werden.

Die Wahl der latenten Einstellungsdimensionen (latente Variablen) und der dazugehörigen Indikatoren (beobachtbare Variablen) erfolgt in der vorliegenden Arbeit in Anlehnung an Oehler (1989). Dieser hat eine derartige Untersuchung für die beiden Bankdienstleistungen „Home-Banking" und „POS-Banking" durchgeführt (vgl. Oehler (1989) S. 122f). Für diese beiden Dienstleistungen wurden acht (Home-Banking) bzw. sechs (POS-Banking) Indikatoren in einer Umfrage erhoben, die jeweils vier Einstellungsdimensionen prägen.

Die affektiven und kognitiven Komponenten der Einstellung zu Home-Banking wird hierbei durch ein (positives) Qualitätsempfinden, ein Informationsbedürfnis, eine Datenschutzdimension und Anonymitätsdimension beeinflußt (vgl. Oehler (1989) S. 160).

Beim POS-Banking werden analog eine positive Qualitätsdimension, eine Sicherheitsdimension, eine negative Qualitätsdimension und eine Datenschutzdimension zur Erklärung der affektiven und kognitive Komponenten der Einstellung angenommen (vgl. Oehler (1989) S. 162).

Die Überprüfung der aufgestellten Beziehungshypothesen anhand eines empirischen Datensatzes ergab dort einen sehr guten Modellfit. Das globale Anpassungsmaß AGFI (adjusted godness of fit) lag beispielsweise für Home-Banking bei 0,959 (ML) und für POS-Banking bei 0,991 (ML) (vgl. Oehler (1989) S. 175, 181).

Zur Analyse der Beziehungshypothesen wird die konfirmatorische Faktorenanalyse[87] eingesetzt. Diese setzt voraus, daß eine genaue Vorstellung bzw. eine eindeutige Theorie darüber vorliegt, wie die hypothetischen Konstrukte aussehen und in welcher Beziehung sie zu den beobachteten Variablen stehen. Anhand des empirischen Datensatzes wird dann eine Überprüfung der Beziehungen zwischen den beobachteten Variablen und den hypothetischen Konstrukten vorgenommen. Es ist also unabdingbar, a priori genaue und gesicherte Vorstellung über mögliche Beziehungszusammenhänge zu besitzen.

---

[87] Vgl. hierzu Backhaus / Erichson / Plink / Weiber (1994); Weede / Jagodzinski (1977)

Die konfirmatorische Faktorenanalyse unterscheidet sich von der explorativen Faktorenanalyse insbesondere dadurch (Backhaus / Erichson / Plink / Weiber (1994) S. 410),

- daß theoretische Überlegungen bestimmen, welche beobachtbaren Variablen mit welchen Faktoren in Beziehung stehen und ob Abhängigkeiten zwischen Faktoren bestehen,

- daß in einer konfirmatorische Faktorenanalyse häufig eine einzelne Variable einem einzelnen Faktor zugeordnet wird, also sogenannte Null-Ladungen[88] (feste Parameter) angenommen werden und

- daß aufgrund solcher Spezifizierungen von Null-Ladungen Abhängigkeiten zwischen Faktoren zugelassen werden, während die explorativen Faktorenanalyse zum Ziel hat, Faktoren zu extrahieren, die möglichst unabhängig voneinander sind.

---

[88] Diese Null-Ladungen bleiben dann zwar im Laufe der Analyse erhalten, beeinflussen aber die Schätzung der übrigen Parameter. (Backhaus / Erichson / Plink / Weiber (1994) S. 410).

4.3.1. Überweisungsterminal

Für die Bankdienstleistung „Überweisungsterminal" werden vier Dimensionen der affektiven und kognitiven Einstellungskomponente angenommen. Diese Dimensionen werden durch acht Indikatoren „gemessen". Die Auswahl der Dimensionen erfolgt aus Überlegungen hinsichtlich der Tätigkeit eines Konsumenten und seinen Bedürfnissen bei Nutzung dieser Dienstleistung. Die Zusammenhänge zwischen den Hypothesen zeigt Abbildung 27.

Meßvariablen für die latente Variable „Positive Qualitätsdimension"

X_1: **Automatisches lesen der Kontodaten** von der Karte
X_2: **Überprüfung** der eingegebenen Daten **auf Vollständigkeit** und Richtigkeit
X_3: **Unabhängigkeit von den Öffnungszeiten**

Meßvariable für die latente Variable "Informationsbedürfnis"

X_4: **Kontostand und Umsätze sind vorher abrufbar**

Meßvariablen für die latente Variable „Negative Qualitätsdimension"

X_5: Es besteht die Gefahr von **Fehlbedienung**
X_6: Es besteht die Gefahr von **Fehlbuchungen**
X_7: Man hat **weniger Kontakt** zu seiner Bank

Meßvariable für die latente Variable "Sicherheitsdimension"

X_8: Es besteht die **Gefahr** von anderen **beobachtet zu werden**

Abb. 27: Hypothesen zu den Einstellungsdimensionen zum Überweisungsterminal

- Eine Dimension stellt das **positive Qualitätsempfinden** gegenüber dieser Dienstleistung dar. Diese Dimension wird durch drei positive Aspekte (vgl. Fragebogen) "meßbar".

- Eine zweite Dimension ist das **Informationsbedürfnis** des Kunden. Diese wird durch den Indikator X_4 erfaßt.

Eine weitere Dimension berührte das **negative Qualitätsempfinden** des Kunden bei Nutzung des Überweisungsterminals. Hierfür wird angenommen, daß es sich durch die Indikatoren X_5, X_6 und X_7 messen läßt.

- Schließlich wird noch eine **Sicherheitsdimension** postuliert die durch den letzen Indikator X_8 gemessen wird.

Die Indikatoren wurden in der Umfrage durch die Fragen III und IV (vgl. Fragebogen) erhoben. Es lagen 70 auswertbare Fragebögen vor. Dieser Stichprobenumfang ist ausreichend um eine valide Parameterschätzung zu erhalten (vgl. Backhaus / Erichson / Plink / Weiber (1994) S. 427; Homburg / Baumgartner(1995b) S. 1093).

Einen ersten Eindruck über die Rangfolge der erhobenen positiven und negativen Aspekte zum Überweisungsterminal zeigt das Mittelwertprofil in Abbildung 28. Die negativen Aspekte wurden hierzu auf eine negative Skala von 0 bis -4 umskaliert.

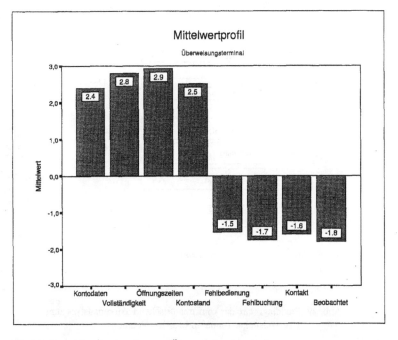

Abb. 28: Rangfolge der Aspekte zum Überweisungsterminal

85

Als größter Vorteil wird hierbei also die Unabhängigkeit von den Öffnungszeiten der Bank angesehen. Auch die automatische Überprüfung der erfaßten Überweisung auf Vollständigkeit und Richtigkeit wird als wichtig eingestuft.

Die negativen Aspekte weisen einen durchweg niedrigeren Mittelwert auf. Die größte Gefahr sehen die Kunden darin, bei der Bedienung beobachtet zu werden. Auch die Gefahr einer Fehlbuchung durch die Maschine wird als negativ empfunden.

Allgemein läßt sich jedoch ablesen, das die positiven Aspekte dieser Dienstleistung überwiegen.

Abbildung 29 zeigt die in Abbildung 27 aufgestellten Hypothesen in LISREL Notation (vgl. Gaul / Homburg (1987); Jöreskog / Sörbom (1981); Long (1983a) S. 11f).

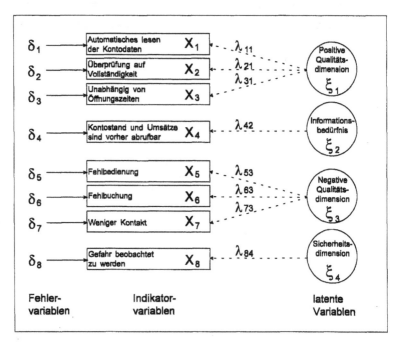

Abb. 29: Pfaddiagramm der konfirmatorischen Faktorenanalyse zum Überweisungsterminal in LISREL Notation

Auf der linken Seite stehen die Residuen (Fehlervariablen). Sie stellen den jeweils unerklärten Varianzanteil, der auf Meßfehler und gegebenenfalls nicht berücksichtigte Variableneffekte zurückgeführt werden kann, dar (vgl. Backhaus / Erichson / Plink / Weiber (1994)). Die Lambda Werte stellen die Faktorladungen (Parameterschätzungen) des Modells dar. Diese Faktorladungen geben Auskunft über die Stärke der Korrelation zwischen den Indikatorvariablen und den latenten (exogenen) Variablen.

Gleichung 2 zeigt das Meßmodell für die Dienstleistung „Überweisungsterminal" in Matrizenschreibweise.

$$
\begin{pmatrix} x_1 \\ x_2 \\ x_3 \\ x_4 \\ x_5 \\ x_6 \\ x_7 \\ x_8 \end{pmatrix} = \begin{pmatrix} \lambda_{11} & 0 & 0 & 0 \\ \lambda_{21} & 0 & 0 & 0 \\ \lambda_{31} & 0 & 0 & 0 \\ 0 & \lambda_{42} & 0 & 0 \\ 0 & 0 & \lambda_{53} & 0 \\ 0 & 0 & \lambda_{63} & 0 \\ 0 & 0 & \lambda_{73} & 0 \\ 0 & 0 & 0 & \lambda_{84} \end{pmatrix} \begin{pmatrix} \xi_1 \\ \xi_2 \\ \xi_3 \\ \xi_4 \end{pmatrix} + \begin{pmatrix} \delta_1 \\ \delta_2 \\ \delta_3 \\ \delta_4 \\ \delta_5 \\ \delta_6 \\ \delta_7 \\ \delta_8 \end{pmatrix}
$$

Gleichung 2: Meßmodell für Überweisungsterminal in LISREL Notation

Ein wichtiger Punkt bei der Modellbeurteilung ist die Identifikation (vgl. Backhaus / Erichson / Plink / Weiber (1994) S. 426; Homburg / Baumgartner (1995a) S. 162; Homburg / Baumgartner (1995b) S. 1100). Es muß geprüft werden, ob die Informationen, die aus den empirischen Daten bereitgestellt werden, ausreichen, um die aufgestellten Gleichungen zu identifizieren.

Eine notwendige, jedoch nicht hinreichende Bedingung (vgl. Homburg (1989) S. 166; Long (1983a) S. 42; Pfeifer / Schmidt (1987) S. 30), bildet folgende Ungleichung:

$$t \leq \tfrac{1}{2} \cdot q \cdot (q+1)$$

wobei t der Anzahl zu schätzender Parameter entspricht und q der Anzahl von X Variablen.

Für das Überweisungsterminal-Modell ergibt sich somit die Ungleichung,

$$20 \leq \tfrac{1}{2} \cdot 8 \cdot (8+1) = 36$$

welche erfüllt ist.

Ein weiterer Hinweis auf die Identifizierbarkeit des Modells ist ein LISREL-Programm-lauf ohne Fehlermeldungen. Insbesondere nicht positiv definite Parametermatrizen und Warnmeldungen über nicht identifizierte Parameter weisen auf eine Fehlspezifikation hin (vgl. Backhaus / Erichson / Plink / Weiber (1994) S. 426). Die Ergebnisse des LISREL-Programmlaufs befinden sich im Anhang[89].

Abbildung 30 zeigt die Schätzergebnisse der konfirmatorischen Faktorenanalyse zum Überweisungsterminal. Die aufgestellten Hypothesen werden durch diese Modellschät-zungen bestätigt (vgl. Homburg (1989) S. 185f; Homburg / Baumgartner (1995a) S. 172). Die beobachtbaren Variablen weisen allgemein eine hohe Korrelation mit den la-tenten Größen auf. Die Meßfehler (Fehlervariablen) sind als relativ gering anzusehen. Der größte Meßfehler ergibt sich bei der Variablen X_7 „Weniger Kontakt" mit 0,6095, d.h. 60,95 % der Varianz von Variable X_7 kann nicht erklärt werden.

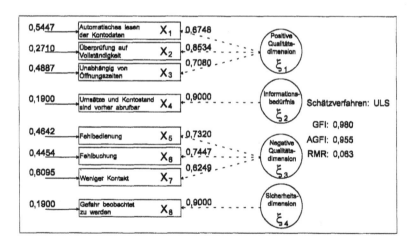

Abb. 30: Ergebnisse der konfirmatorischen Faktorenanalyse zum Überweisungsterminal

---

[89] Auf eine Erläuterung der zur Programmierung verwendeten LISREL-Kommandos (Steueranweisungen) wird verzichtet. Eine gute Einführung findet man bei Backhaus / Erichson / Plink / Weiber (1994) S. 428f; Bühl (1996) S. 289f; Pfeifer / Schmidt (1987) S. 125f.

Als Schätzfunktion wurde die Methode der ungewichteten kleinsten Quadrate (unweighted least squares; ULS) gewählt, da die Ausgangsdaten nicht einer (Multi-)Normalverteilung entsprechen[90]. Ist die Annahme der (Multi-)Normalverteilung der Ausgangsdaten nicht erfüllt, so empfiehlt sich die Anwendung von ULS, „das unabhängig von der Verteilung der Variablen konsistente Schätzer liefert" (Gaul / Homburg (1987) S. 7).

Jöreskog / Sörbom (1981) äußern sich auf Seite IV.1 folgendermaßen:

„If the observed variables are highly non-normally distributed it is probably best to avoid the ML estimates and use only initial estimates and/or ULS estimates."

Die von LISREL bereitgestellten Schätzmethoden[91] lassen sich in zwei Gruppen einteilen (vgl. Backhaus / Erichson / Plink / Weiber (1994) S. 384f).

Zum einen in die nicht-iterativen Verfahren wie

* die Methode der Instrumentalvariablen (IV) und
* die Zweistufenschätzmethode (two-stage least square; TSLS),

zum anderen in die iterativen Verfahren wie

* die Methode der ungewichteten kleinsten Quadrate (unweighted least squares; ULS)
* die Methode der verallgemeinerten kleinsten Quadrate (generalized least squares; GLS) und
* das Maximum-Likelihood-Verfahren (ML).

Weitere iterative Schätzfunktionen sind WLS und DWLS auf die hier nicht näher eingegangen wird.

Die nicht-iterativen Verfahren liefern Startwerte für die iterativen Verfahren (vgl. LISREL-Ergebnisausdruck im Anhang), können aber auch als endgültige Parameterschätzwerte verwendet werden (vgl. Pfeifer / Schmidt (1987) S. 32). Die einzelnen Schätzverfahren stellen bestimmte Anforderungen an die verwendeten Ausgangsvariablen (vgl. Backhaus / Erichson / Plink / Weiber (1994) S. 427). Die Zuverlässigkeit der

---

[90] Hierzu wurde jeweils ein Chi-Quadrat-Test (vgl. Kreyszig (1982) S. 229f) in SPSS durchgeführt. Die Nullhypothese, daß die Stichprobe einer normalverteilten Grundgesamtheit entstammt, mußte jeweils verworfen werden (Signifikanzniveau: 0,01).

[91] Eine mathematische Beschreibung der Schätzfunktionen findet sich in Homburg (1989) S. 164f.

Schätzverfahren läßt sich jedoch durch Anwendung der verschiedenen Verfahren über-
prüfen. „Wird ein Modell mit Hilfe mehrerer Methoden geschätzt, und stimmen alle
Schätzungen überein, so ist das ein gewichtiger Indikator dafür, daß der „wahre" Wert
eines Parameters gefunden ist" (Backhaus / Erichson / Plink / Weiber (1994) S. 408).
Tabelle 6 stellt ausgewählte Parameter mit den ermittelten Schätzwerten für die fünf
Schätzverfahren gegenüber.

	IV	TSLS	GLS	ML	ULS
λ11	0,9000	0,9000	0,7531	0,7019	0,6748
λ21	0,9330	0,9397	0,8377	0,8661	0,8538
λ31	0,6598	0,6819	0,6704	0,6807	0,7080
λ42	0,9000	0,9000	0,9000	0,9000	0,9000
λ53	0,9000	0,9000	0,7395	0,7476	0,7320
λ63	0,6918	0,6891	0,7717	0,7774	0,7447
λ73	0,5677	0,5458	0,5617	0,5915	0,6249
λ84	0,9000	0,9000	0,9000	0,9000	0,9000
Determination for X	0,9990	0,9990	0,9990	0,9970	0,9960
GFI			0,8970	0,9150	0,9800
AGFI			0,7680	0,8090	0,9550
RMR			0,0930	0,0640	0,0630

Tab. 6: Ergebnisse verschiedener Schätzverfahren bei der Faktorenanalyse zum
Überweisungsterminal

Die große Übereinstimmung der Parameterwerte erlaubt den Schluß, das die „wahren"
Werte der Faktorenladung gefunden wurden.

Zur Modellbeurteilung werden verschiedene Anpassungsmaße verwendet, die die Güte
des Modells beurteilen. Grundsätzlich kann man zwischen „globalen" und „lokalen" An-
passungsmaßen unterscheiden (vgl. Homburg (1992) S. 504; Homburg / Baumgartner
(1995a) S. 165; Möbus / Schneider [Hrsg.] (1986) S. 19f). Globale Anpassungsmaße beurteilen die Anpassungsgüte des gesamten Modells, wohingegen lokale Anpassungsmaße
sich auf einzelne Modellkomponenten beziehen. Es existiert eine Vielzahl solcher

Anpassungsmaße, die aber weitreichende Redundanzen aufweisen (vgl. Homburg / Baumgartner (1995a) S. 174). Diese beiden Autoren schlagen deshalb ein „Basisgerüst" für die Beurteilung vor und geben Anforderungskriterien (Wertebereich) an, die diese Anpassungsmaße für eine Gütebeurteilung erfüllen müssen.

Auf der Ebene einzelner Indikatoren (lokales Anpassungsmaß) ist die **Reliabilität** (Zuverlässigkeit) die zentrale Beurteilungsgröße. Sie kann allgemein als quadrierte Korrelation zwischen einem Konstrukt und einem dazugehörigen Indikator definiert werden. Die Reliabilität der Messung (ULS-Schätzer) der X-Variablen für das Überweisungsterminal zeigt Abbildung 31.

```
SQUARED MULTIPLE CORRELATIONS FOR X - VARIABLES
Kontodat   Vollstae   Oeffnung   Kontosta   Fehlbedi   Fehlbuch
 .4553      .7290      .5013      .8100      .5358      .5546

SQUARED MULTIPLE CORRELATIONS FOR X - VARIABLES
Kontakt    Beobacht
 .3905      .8100

TOTAL COEFFICIENT OF DETERMINATION FOR X - VARIABLES IS   .996
```

Abb. 31: Reliabilitätskoeffizienten der Faktorenanalyse zum Überweisungsterminal.

Die Werte liegen alle im Intervall [0,1] und sind bis auf X_7 größer als 0,4. Werte größer als 1 deuten auf eine Fehlspezifikation im Modell hin. Homburg / Baumgartner (1995a) fordern mindestens einen Wert von 0,4 für die Indikatorreliabilität, was hier erfüllt ist.

Das **Bestimmtheitsmaß** (TOTAL COEFFICIENT OF DETERMINATION) in Abbildung 31 gibt an, wie gut die Indikatoren zur Messung der latenten Variablen beitragen. Der Wert von 0,996 ist als sehr gut anzusehen (vgl. Backhaus / Erichson / Plink / Weiber (1994) S. 398). In Tabelle 6 ist diese Bestimmtheitsmaß für alle verwendeten Schätzverfahren aufgeführt.

Für die Beurteilung der Gesamtanpassung des Modells werden drei Gütekriterien verwendet.

Der **Goodness-of-Fit-Index** (GFI) gibt den Anteil der Varianzen und Kovarianzen an, der durch das Modell erklärt wird. Ein Wert von 1 entspricht einer perfekten Modellanpassung an die Daten. In der Regel wird ein Wert ab 0,9 als zufriedenstellend angesehen, wobei Homburg / Baumgartner (1995a) selbst dieser Wert noch zu gering erscheint. Der hier ermittelte Wert von 0,98 ist jedoch sehr gut.

Der **Adjusted-Goodness-of-Fit-Index** (AGSI) berücksichtigt zusätzlich die Zahl der Freiheitsgrade (d) und läßt sich wie folgt aus GFI berechnen (vgl. Pfeifer / Schmidt (1987) S. 37):

$AGFI = \frac{k(k+1)}{2 \cdot d} \cdot (1 - GFI)$ wobei k die Anzahl der X-Variablen ist.

Ein Wert von 0,9 und größer wird als akzeptabel angesehen (vgl. Homburg / Baumgartner (1995a) S. 168). Dies ist für den ULS-Schätzer erfüllt (vgl. Tab. 6).

Der **Root-Mean-Square-Residual** (RMR) gibt die durchschnittliche Größe der Residuen zwischen den Elementen der empirischen Kovarianzmatrix und den Elementen der vom Modell errechneten Kovarianzmatrix an. Er ist somit ein Maß für die durchschnittlich durch das Modell nicht erklärten Varianzen und Kovarianzen (vgl. Backhaus / Erichson / Plink / Weiber (1994) S. 402; Homburg / Baumgartner (1995a) S. 167). Falls anstelle der empirischen Kovarianzmatrix eine empirische Korrelationsmatrix - wie im vorliegenden Falle - verwendet wird, ist der RMR auf das Intervall [0,1] normiert. Ein RMR mit einem Wert von bis zu 0,05 wird als gut interpretiert (vgl. Homburg / Baumgartner (1995a) S. 167). Dieser „Grenzwert" wird in dem vorliegenden Modell leicht überschritten (vgl. Tab. 6).

Zur Beurteilung von Teilstrukturen eines Modells können die **Residuen** (FITTED RESIDUALS) betrachtet werden (vgl. Backhaus / Erichson / Plink / Weiber (1994) S. 402), die Abbildung 32 zeigt:

92

```
          FITTED RESIDUALS
               Kontodat   Vollstae   Oeffnung   Kontosta   Fehlbedi   Fehlbuch

Kontodat        .0000
Vollstae        .0713      .0000
Oeffnung       -.0254     -.0479      .0000
Kontosta       -.0700     -.0224      .0938      .0000
Fehlbedi        .0893     -.0035      .0489      .0138      .0000
Fehlbuch        .1033     -.0735     -.2005     -.0586      .0682      .0000
Kontakt         .1142      .0032     -.0375      .0536     -.0089     -.0711
Beobacht        .0434     -.0156     -.0226      .0000     -.1121      .0399
          FITTED RESIDUALS
               Kontakt    Beobacht

Kontakt         .0000
Beobacht        .0837      .0000
```

Abb. 32: Fittet Residuals der Faktorenanalyse zum Überweisungsterminal

Die Anpassungsgüte des Modells bzw. der durch die Fitted Residuals repräsentierten Teilstrukturen ist um so besser, je näher die Fittet Residuals bei 0 liegen. Häufig wird in praktischen Anwendungen ein Wert bis 0,1 als gut angesehen (vgl. Backhaus / Erichson / Plink / Weiber (1994) S. 403). Im vorliegenden Modell sind die meisten Fitted Residuals kleiner als 0,1. Lediglich 4 Werte liegen darüber und der größte Wert ergibt sich zu -0,2005.

Das Modell ist trotz der partiellen Abweichungen von den wünschenswerten Gütekriterien bestätigt.

„Ein „sehr gutes" Modell liegt dann vor, wenn alle Gütekriterien zufriedenstellende Ergebnisse liefern" (Backhaus / Erichson / Plink / Weiber (1994) S. 428).

4.3.1.1. Einstellungsdimensionen zum Überweisungsterminal

Für die weitere Auswertung der Ergebnisse der konfirmatorischen Faktorenanalyse, werden die einzelnen Befragungsergebnisse durch Mittelwertbildung in die einzelnen Einstellungsdimensionen transformiert.

Die Werte der einzelnen Indikatoren bei jeder Einstellungsdimension werden hierzu aufsummiert und dieser Wert wird dann durch die jeweilige Anzahl von Indikatoren dividiert (vgl. Oehler (1989) S. 182). Durch diese ungewichtete Zusammenfassung wird zwar auf einen Teil der empirischen Informationen verzichtet, dies ist aber wegen der meist hohen

93

Faktorladungen vertretbar. Vorteil dieser Vorgehensweise ist, daß die derart berechneten Einstellungsdimensionen dieselbe Skala von „kein Vorteil" bis „sehr großer Vorteil" bzw. „kein Nachteil" bis „sehr großer Nachteil" aufweisen. Die Abbildung 33 zeigt diese Dimensionen für das Überweisungsterminal.

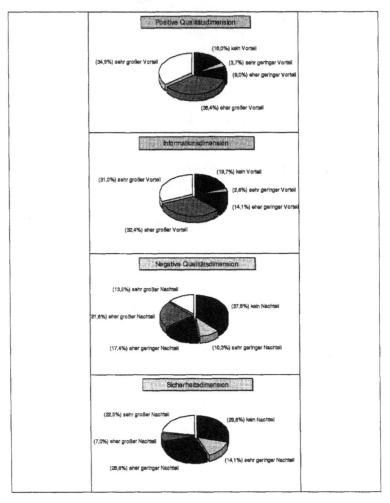

Abb. 33: Die Einstellungsdimensionen zum Überweisungsterminal

Aus der Abbildung 33 geht hervor, daß die beschriebene **positive Qualitätsdimension** von den Befragten überwiegend vorteilhaft eingeschätzt wird. Über 71 % der Befragten beurteilen die qualitative Veränderung durch das Überweisungsterminal als „sehr groß" bzw. „groß".

Auch bezüglich der **Informationsdimension** zeigt sich eine, wenn auch weniger stark, positive Einstellung. Etwas mehr als 63 % empfinden die Möglichkeit Kontostände und Umsätze abzufragen als vorteilhaft.

Die negative Qualitätsdimension und Sicherheitsdimension zeigen keine so extremen Werte.

Bei der **negativen Qualitätsdimension** sieht ein sehr großer Teil der Befragten (38 %) keinen Nachteil. Die postulierten „Qualitätsmängel" werden von den Kunden also nicht so empfunden. Insbesondere die Gefahr einer Fehlbedienung und der geringere persönliche Kontakt scheint nur eine kleine Rolle zu spielen (vgl. hierzu auch Abb. 28). Oehler (1989) kam zu Ergebnis, daß „die Reduzierung des persönlichen Kontaktes zu dem kontoführenden Institut [...] überdurchschnittlich negativ bewertet wird" (Seite 130). Das jetzige Ergebnis könnte somit ein Indikator dafür sein, das sich die Kunden inzwischen an die Bedienung von Automaten „gewöhnt" haben.

Die **Sicherheitsdimension** schließlich wird völlig konträr beurteilt. Es ist aber erkennbar, daß der Großteil der Kunden keine „große" Gefahr darin sieht bei der Bedienung beobachtet zu werden, denn 70 % beurteilen die Sicherheitsdimension als eher geringen, sehr geringen oder keinen Nachteil.

4.3.2. GeldKarte

Analog zu den Ausführungen zum Überweisungsterminal in Kapitel 4.3.1., werden nun die Ergebnisse der konfirmatorischen Faktorenanalyse zur GeldKarte dargestellt. Es wird jeweils auf die Erläuterung der theoretische Grundlagen verzichtet, da diese sinngemäß aus Kapitel 4.3.1. übernommen werden können.

Für die GeldKarte zeigt Abbildung 34 die Zusammenhänge zwischen den erhobenen Indikatoren und den latenten Variablen.

Meßvariablen für die latente Variable „Positive Qualitätsdimension"

X_1: Man kann die **Bezahlung schnell und bequem** abwickeln
X_2: Auch **kleinste Beträge** können mit der GeldKarte bezahlt werden
X_3: Man braucht **nicht mehr so viel Bargeld** mitzunehmen
X_4: Es entstehen **keine zusätzlichen Kosten** bei Aufladung und Bezahlung

Meßvariablen für die latente Variable „Negative Qualitätsdimension"

X_5: **Man verliert** leicht **den Überblick** über seine Ausgaben
X_6: **Die Bank nachvollziehen** wo und wieviel Geld man ausgibt

Meßvariablen für die latente Variable "Sicherheitsdimension"

X_7: Man hat immer ein sehr **hohes Guthaben** auf der Karte **gespeichert**
X_8: Die **Karte könnte beschädigt werden**

Abb. 34: Hypothesen zu den Einstellungsdimensionen zur GeldKarte

- Eine Dimension stellt das **positive Qualitätsempfinden** gegenüber der GeldKarte dar. Diese Dimension wird durch vier positive Aspekte erfaßt.

- Eine zweite Dimension ist das **negative Qualitätsempfinden** für dessen „Messung" zwei Indikatoren verwendet werden.

- Die dritte Dimension ist die **Sicherheitsdimension** die durch die Indikatoren X_7 und X_8 erfaßt wird.

In der Umfrage wurden die Indikatoren durch die Fragen VI und VII erhoben. Es lagen zu diesem Fragenkomplex 74 auswertbare Fragebögen vor.

96

Das Mittelwertprofil zu den positiven und negativen Aspekten dieser Dienstleistung zeigt Abbildung 35. Der größte Vorteil wird von den Kunden in der Möglichkeit einer gebührenfreien Aufladung und Bezahlung gesehen. Der Wert von 2,7 ist im Vergleich zu den Mittelwerten der positiven Aspekte des Überweisungsterminals (vgl. Abb. 28) jedoch eher durchschnittlich. Die GeldKarte wird beim Vergleich dieser beiden Abbildungen „im Ganzen" nicht so positiv beurteilt wie das Überweisungsterminal. Die „bequemere" Handhabung des elektronischen Geldes in der GeldKarte, im Vergleich zu Bargeld, stellt für die Kunden somit keinen entscheidenden Vorteil dar.

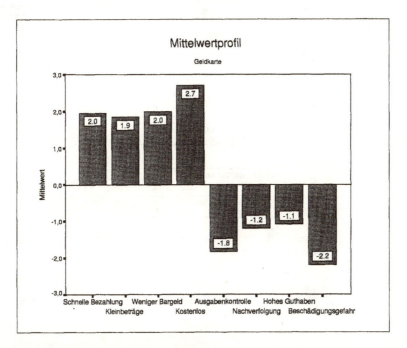

Abb. 35: Rangfolge der Aspekte zur GeldKarte

Bei den negativen Aspekten wird die Gefahr einer Beschädigung der GeldKarte mit einem Mittelwert von -2,2 als sehr nachteilig empfunden. Auch im Vergleich zum Überweisungsterminal ist dieser Wert sehr hoch. Die Angst, daß man die Kontrolle über die getätigten Ausgaben verliert ist mit -1,8 ebenfalls stark ausgeprägt. Andererseits „stört" es die wenigsten Kunden, wenn die Bank nachvollziehen kann wo und wieviel Geld sie ausgeben. Auch die „Gefahr" eines hohen GeldKarten Saldo wird nicht als negativ empfunden.

Abbildung 36 zeigt die Hypothesen zur GeldKarte in LISREL Notation.

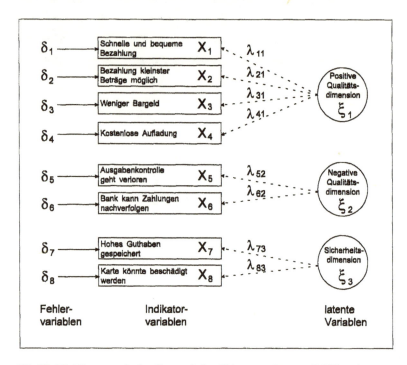

Abb. 36: Pfaddiagramm der konfirmatorischen Faktorenanalyse zur GeldKarte in LISREL Notation

In der nachfolgenden Gleichung 3 ist das Meßmodell aus Abbildung 36 in Matrizen-schreibweise dargestellt.

$$
\begin{pmatrix} x_1 \\ x_2 \\ x_3 \\ x_4 \\ x_5 \\ x_6 \\ x_7 \\ x_8 \end{pmatrix} = \begin{pmatrix} \lambda_{11} & 0 & 0 \\ \lambda_{21} & 0 & 0 \\ \lambda_{31} & 0 & 0 \\ \lambda_{41} & 0 & 0 \\ 0 & \lambda_{52} & 0 \\ 0 & \lambda_{62} & 0 \\ 0 & 0 & \lambda_{73} \\ 0 & 0 & \lambda_{83} \end{pmatrix} \begin{pmatrix} \xi_1 \\ \xi_2 \\ \xi_3 \end{pmatrix} + \begin{pmatrix} \delta_1 \\ \delta_2 \\ \delta_3 \\ \delta_4 \\ \delta_5 \\ \delta_6 \\ \delta_7 \\ \delta_8 \end{pmatrix}
$$

Gleichung 3: Meßmodell für GeldKarte in LISREL Notation

Die notwendige Bedingung für Identifikation des Modells ist bei dem Meßmodell für die GeldKarte ebenfalls erfüllt:

$$19 = t \le \tfrac{1}{2} \cdot q \cdot (q+1) = \tfrac{1}{2} \cdot 8 \cdot (8+1) = 36$$

Abbildung 37 zeigt die ermittelten ULS-Schätzwerte für die GeldKarte. Die beobachtbaren Größen sind sehr unterschiedlich stark mit den latenten Variablen korreliert.

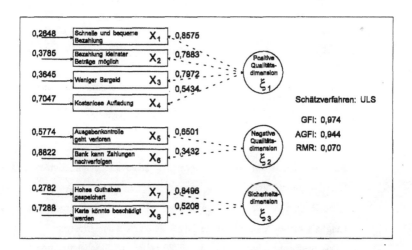

Abb. 37: Ergebnisse der konfirmatorischen Faktorenanalyse zur GeldKarte

99

Während die Indikatoren der positiven Qualitätsdimension allgemein sehr hohe Korrelationen aufweisen, sind die Indikatoren der negativen Qualitätsdimension nicht so hoch korreliert.

Der größte Meßfehler ergibt sich bei der Variablen X_6 mit 0,8822 und somit sind ca. 88 % der Varianz dieser Variablen nicht erklärt.

Eine Übersicht über die Parameterschätzungen und Anpassungsmaße der verschiedenen Schätzfunktionen zeigt Tabelle 7.

	IV	TSLS	GLS	ML	ULS
$\lambda 11$	0,9000	0,9000	0,9061	0,8809	0,8575
$\lambda 21$	0,7709	0,6811	0,7515	0,7904	0,7883
$\lambda 31$	0,7851	0,6894	0,7515	0,7788	0,7972
$\lambda 41$	0,5899	0,5601	0,4861	0,5140	0,5434
$\lambda 52$	0,9000	0,9000	0,5803	0,6821	0,6501
$\lambda 62$	0,4757	0,4025	0,3309	0,3271	0,3432
$\lambda 73$	0,9000	0,9000	0,7982	0,8740	0,8496
$\lambda 83$	-0,0053	0,2022	0,5722	0,5062	0,5208
Determination for X	0,9950	0,9940	0,9850	0,9830	0,9780
GFI			0,9070	0,9080	0,9740
AGFI			0,8030	0,8050	0,9440
RMSR			0,0970	0,0720	0,0700

Tab. 7: Ergebnisse verschiedener Schätzverfahren bei der Faktorenanalyse zur GeldKarte

Die **nicht-iterativen** Schätzmethoden liefern „unbefriedigende" Ergebnisse (z.B. IV). Auch die **iterativen** Verfahren erzeugen keine so „guten" Schätzwerte wie beim Überweisungsterminal.

Die **Reliabilität** der einzelnen Indikatoren (vgl. LISREL Ergebnisausdruck im Anhang) als lokales Anpassungsmaß, ist ebenfalls „recht unbefriedigend".

Das **Bestimmtheitsmaß** ist mit 0,9780 bei der ULS-Schätzfunktion geringer, als bei den Ergebnissen zum Überweisungsterminal.

100

GFI und **AGFI** sind beim ULS-Schätzer mit 0,9740 bzw. 0,9440 gut und **RMR** liegt mit 0,07 leicht über dem „Grenzwert" von 0,05.

Aufgrund der obigen Ausführungen fällt eine Annahme oder Ablehnung des Modells schwer. Die teilweise großen Meßfehler der Indikatorvariablen, die „inkonsistenten" Parameterschätzungen der verschiedenen Schätzfunktionen und die unbefriedigende Reliabilität legen jedoch eher eine Ablehnung des Modells nahe.

Bei alleiniger Betrachtung der Schätzergebnisse des ULS-Schätzers und der dazugehörenden Anpassungsmaße „kann" man das Modell jedoch annehmen.

4.3.2.1. Einstellungsdimensionen zur GeldKarte

Es werden daher, in analoger Weise zu Kapitel 4.3.1., die Einstellungsdimensionen durch Bildung von Mittelwerten dargestellt. Die Ergebnisse dieser Transformation zeigt Abbildung 38.

Die **positive Qualitätsdimension** wird überwiegend vorteilhaft eingeschätzt, da ca. 54 % der Befragten angaben, hierin einen „sehr großen" oder „eher großen" Vorteil zu sehen. Im Vergleich mit dem Überweisungsterminal schneidet diese Dienstleistung jedoch schlechter ab. Zudem empfinden ca. 30 % der Befragten (überhaupt) keine qualitative Verbesserung.

Bei der **negativen Qualitätsdimension** gab ein sehr großer Teil (45 %) an, hierin keinen Nachteil zu sehen (vgl. zudem Abb. 35). Die „Nichtanonymität" der Zahlung und ein hoher Kartensaldo sind somit für die Kunden keine negativen Qualitätsmerkmale.

Ein Großteil der Befragten (55 %) sieht keinen oder einen sehr geringen Nachteil in der postulierten **Sicherheitsdimension**.

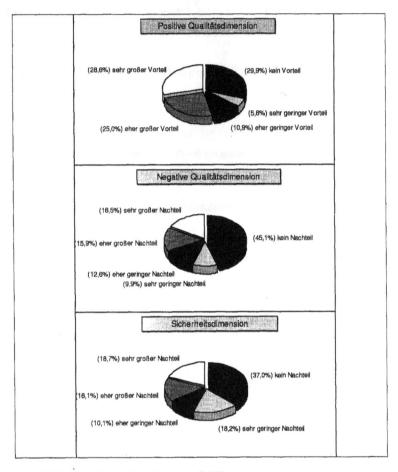

Abb. 38: Die Einstellungsdimensionen zur GeldKarte

5. Zusammenfassung und Ausblick

Die interaktiven Bankdienstleistungen stellen eine einzigartige Möglichkeit für die Banken dar, neu Schnittstellen zu ihren Kunden zu eröffnen. Das Serviceangebot für die Kunden kann hierdurch wesentlich verbessert werden.

Häufig werden die neuen Angebote jedoch von den Kunden nicht in dem Maße angenommen, wie es aus Sicht der Banken wünschenswert wäre. Insbesondere durch die neue Qualität im Bankenwettbewerb, die durch die „neuen" Direktbanken erwachsen ist, sind die „klassischen" Bankinstitute gezwungen Kosten zu sparen.

Durch die Eröffnung von Automatenfilialen und erweiterten Online-Angeboten wird versucht dieses Ziel zu erreichen. Die Kunden sind heutzutage zum Großteil bereit, diese Dienste zu nutzen, erwarten dann aber ein „Entgegenkommen" der Bank in Form von geringeren Gebühren.

Das Video-Banking bietet für die Banken die Chance, ihre Filialen mit einem besseren Serviceangebot auszustatten. Die Filialbesetzungen können hierdurch verkleinert werden, was zu Kosteneinsparung führt. Trotzdem stellt sich die Frage, ob in Deutschland mit seinen „geringen" Entfernungen im Vergleich zu USA/Canada, die Kunden bereit wären diese Technologie in großem Maße zu nutzen. Der Weg zur nächsten „Hauptfiliale", wo der Kunde qualitativ hochwertige Beratung bekommt, stellt für den Großteil der Kunden sicher „das kleinere Hindernis" dar. Zudem ist die Bankenstruktur in Deutschland im Vergleich zu USA/Canada unterschiedlich. Es existieren Tausende kleine unabhängige Kreditinstitute, die fast durchweg Universalbanken sind. Oft sind die Banken sogar lokal begrenzt, wie beispielsweise die Banken des genossenschaftlichen Sektors.

Die Videotechnologie bietet somit vornehmlich in der internen Mitarbeiterkommunikation Chancen. Auch den Direktbanken eröffnen sich hierdurch neue Wege zum Kunden, wobei jedoch die Kosten diesem heute noch entgegen stehen.

Die GeldKarten-Technologie kann in der derzeitigen Art noch nicht befriedigen. Es werden nur recht rudimentäre Zahlungsmöglichkeiten angeboten und beispielsweise „fehlt" eine Möglichkeit elektronische Geldbeträge zwischen zwei Karten auszutauschen. Auch die Beschränkung auf DM-Geldbeträge ist unzureichend. Die Chance jedoch, über eine Weiterentwicklung diese Technologie, einen Großteil von heutigen

Bartransaktionen in Kleinbetragshöhe auf ein derartiges Medium umzupolen, sollte ergriffen werden. Dies auch im Hinblick auf die Einführung des Euro. Das Prägen von Milliarden neuer Euro-Münzen ist nicht nur ein finanzielles Problem.

Die Bankdienstleistungen in den Online-Diensten sind eine hervorragende Erweiterung des Serviceangebotes der Banken. Im Zuge der fortschreitenden „Netzanbindung" der Kunden erwächst darin ein immer wichtigerer „Draht" zum Kunden. Die oftmals „heiß" diskutierte Sicherheitsproblematik kann als gelöst betrachtet werden. Die verwendeten Verschlüsselungsverfahren sind „praktisch" sicher und völlige Sicherheit bieten auch heutzutage häufig verwendete Medien nicht. Eine Telefonleitung kann ebenfalls, bei genügend krimineller Energie, abgehört werden. Im Unterschied zu der Übertragung in den neuen Online-Medien erfolgt diese jedoch völlig unverschlüsselt. Eine verschlüsselte Übertragung über einen „unsicheren" Kanal stellt bei Verwendung eines „geprüften" Verschlüsselungsverfahren somit wahrscheinlich das geringer Risiko dar.

Die empirische Untersuchung hat gezeigt, das die „jungen" Bankkunden heutzutage die neuen Technologien vorbehaltlos nutzen. Insbesondere die Unabhängigkeit von den Öffnungszeiten der Bank wird als vorteilhaft empfunden. Die Kunden „erwarten" diese Flexibilität bei ihren Standardbankgeschäften.

Das Dienstleistungsangebot des Überweisungsterminals wird als überwiegend positive Neuerung gesehen, auch wenn die Nutzung durch die Kunden bis dato noch sehr gering ist. Durch „Anreize" (z.B. geringe Buchungspostengebühr) könnte sie Akzeptanz voraussichtlich gesteigert werden.

In der GeldKarte sieht ein Großteil der Kunden „für sich" noch keinen Vorteil, obwohl die Technologie „an sich" positiv gesehen wird. Die „Angst" vor einer Beschädigung der GeldKarte und des „vermeintlichen" Verlustes des gespeicherten Geldbetrages, spielt bei dieser Entscheidung eine wesentliche Rolle. Durch gezielte „Aufklärungsarbeit" in dieser Richtung und/oder einer Beschränkung des zu erwartenden Verlustbetrages für den Kunden, bestände eine Chance mehr Kunden an die GeldKarte zu „gewöhnen". Für die Zukunft bietet der MeChip Pro eine interessante Erweiterung. Denkbar wären auch neue PC-Tastaturen mit einem eingebauten universellen Kartenleser. Falls Microsoft hierin eine „Notwendigkeit" für ihre Betriebsysteme und den postulierten Multimedia-PC sieht, stünde diese Technologie sicherlich kurzfristig zur Verfügung. Man denke nur an die drei zusätzlichen Windows 95-Tasten auf den heutigen PC-Tastaturen.

Die Zukunft des Bankgewerbes liegt mit Sicherheit zu einem Großteil in den neuen Medien. Dennoch kann keine Maschine die persönliche Bankberatung in qualitativer Hinsicht ersetzten, so daß es auch in der fernen Zukunft weiterhin „reale" Bankhäuser geben wird.

6. Anhang

6.1. Literaturverzeichnis

Adams, S. G. (1992): Bankautomation - Entwicklungstendenzen und deren Auswirkung auf die Wettbewerbsfähigkeit der Kreditwirtschaft; Universität Karlsruhe (TH), Dissertation, 1992

Allerbeck, M. / Helmreich, R. (1984): Akzeptanz planen - aber wie?; Office Management, 11/84, S. 1080-1082

Ambros, H. (1996): Virtual Reality - eine Herausforderung für Sparkassen; Sparkasse, 3/96, S. 101-106

Anstadt, U. (1994): Determinanten der individuellen Akzeptanz bei Einführung neuer Technologien; P. Lang, Frankfurt/Main, 1994

Anstötz, K. (1990): Akzeptanzorientierte Systemgestaltung, dargestellt am Beispiel eines experimentellen Telekommunikationssystems; Universität Essen, Dissertation, 1990

Bachem, A. / Heesen, R. / Pfenning, J.-T. (1996): Digitales Geld für das Internet; ZfB, H. 6., 1996, S. 697-713

Backhaus, K. / Erichson, B. / Plinke, W. / Weiber, R. (1994): Multivariate Analysemethoden; Springer, Berlin, 1994

Bank und Markt (1996): Technik Spezial; Bank und Markt, 3/96, S. 20-35

Bartmann, D. / Kerscher, B. (1995): Telekommunikation - Eine strategische Herausforderung für das Bankgeschäft der Zukunft; Business Computing, 4/95, S. 40-43

Bartmann, D. (1995): Auswirkung der elektronischen Medien auf den Vertrieb von Bankdienstleistungen; Geldinstitute, 11/12 1995, S. 6-16

Bartmann, D. / Kreuzer, M. (1996a): David gegen Goliath - Die Chancen kleiner Geldinstitute im Direktbankgeschäft; Geldinstitute, 6/96, S. 18-20

Bartmann, D. / Kreuzer, M. (1996b): Finanzdienstleistungen in der Informationsgesellschaft - Über Kundeninformationssysteme zurück zum Beziehungsmanagement; Geldinstitute, 7/8 1996, S. 4-7

Bartmann, D. / Stockmann, C. (1996a): Hackerimage schreckt nicht mehr; Business Online, 1/96, S. 56-58

Bartmann, D. / Stockmann, C. (1996b): Regionalität auch ein Trumpf im Internet; Betriebswirtschaftliche Blätter, 3/96, S. 111-114

Bartmann, D. / Stockmann, C. (1996c): Non- und Nearbanks auf Überholspur? - Eine strategische Bedrohungsanalyse; Geldinstitute, 4/5 1996, S. 6-11

Behrens, G. (1991): Konsumentenverhalten - Entwicklung, Abhängigkeiten, Möglichkeiten; Physica, Heidelberg, 1991

Bernskötter, H. (1995): Multimedia; Marketing Journal, 5/95, S. 372-374

Bertelsmann (1996): Die neue deutsche Rechtschreibung; Bertelsmann, 1996

Birkelbach, J. (1995): Hausmannskost - Homebanking und virtuelle Bankgeschäfte; c't Magazin, 12/95, S. 260-268

Birkelbach, J. (1996a): Internet - Der neue Handelsplatz für Banken?; Bank Magazin, 3/96, S. 53-57

Birkelbach, J. (1996b): Banken im Internet - Treffpunkt virtuelle Schalterhalle; Handelsblatt, 08.10.1996, S. 24

Birkelbach, J. (1996c): Safer Banking; c't Magazin, 12/96, S. 104-108

Böck Bachfischer, N. M. (1996): Interaktive Medien im elektronischen Medienmarkt; Ludwig-Maximiliams-Universität zu München, Dissertation, 1996

Böcker, F. (1994): Marketing; G. Fischer, Stuttgart, 1994

Böhler, H. (1991): Marktforschung, W. Kohlhammer, Stuttgart, 1991

Borchert, M. (1996): Cyber Money - Eine neue Währung?; Sparkasse, 1/96, S. 41-43

Brenken, D. / Kuhlmann, U. (1997): Club Royal - Zugänge der Online-Dienste im Praxistest; c't Magazin, 7/97, S. 126-135

Bruhn, M. (1995): Marketing - Grundlagen für Studium und Praxis; Gabler, Wiesbaden, 1995

Buchholtz, U. (1996): Banken - Freundlich grüßt das Video; DM, 11/96, S. 90-94

Buchholtz, U. / Rezmer, A. (1997): Spezial - Die moderne Bank; DM, 2/96, S. 76-97

Bühl, A. (1996): Professionelle Datenanalyse mit SPSS für Windows; Addison-Wesley, Bonn, 1996

Burda Anzeigen-Marktforschung (1995): Medien im Jahr 2000 - Experten sagen eine interaktive Medien-Zukunft voraus; Marketing Journal, 2/95, S. 86-88

Decker, R. / Klein, T. / Wartenberg, F. (1995): Marketing und Internet - Markenkommunikation im Umbruch?; Markenartikel, 10/95, S. 468-473

Döhl, W. (1983): Akzeptanz innovativer Technologien in Büro und Verwaltung; Vandenhoeck & Ruprecht, Göttingen, 1983

Düren, H. (1996): Kreditgenossenschaften - Homebanking verändert den Wettbewerb; Handelsblatt, 09.10.1996, S. 30-31

Encarnação, J. L. / Foley, J. D. (1994): Multimedia - System Architectures and Applications; Springer, Berlin, 1994

Fabich, C. (1996): Bank am Draht; c't Magazin, 12/96, S. 184

FAZ (1996): Die Bank der Zukunft; Frankfurter Allgemeine Zeitung, Verlagsbeilage Nummer 31, 06.02.1996

FAZ (1997a): Die Bank der Zukunft; Frankfurter Allgemeine Zeitung, Verlagsbeilage Nummer 29, 04.02.1997

FAZ (1997b): Die elektronische Geldbörse; Frankfurter Allgemeine Zeitung, 15.03.1997, S. 14

Filipp, H. (1996): Akzeptanz von Netzdiensten und Netzanwendungen - Entwicklung eines Instruments zur permanenten Akzeptanzkontrolle; Universität Karlsruhe (TH), Dissertation, 1996

Fink, D. H. / Meyer, N. / Wamser, C. (1995): Multimedia-Einsatz im Marketing; Marketing Journal, 6/95, S. 468-470

Friede, C. / Schirra-Weirich, L. (1992): SPSS/PC+ - Eine strukturierte Einführung; Rowohlt, Hamburg, 1992

Gaul, W. / Homburg, C. (1987): Computerakzeptanz von Studenten - Ein Anwendungsbeispiel für Programme zur Kausalanalyse; ETU, Diskussionspapier Nr. 113, 1987

Gaul, W. / Both, M. (1992): Interdisziplinarität & Integration als Anforderung an „Elektronic Marketing"; ETU, Diskussionspapier Nr. 146, 1992

Gaul, W. / Both, M. (1989): Computergestütztes Marketing; Springer, Berlin, 1990

Gerpott, T. J. (1996): Multimedia - Geschäftssegmente und betriebswirtschaftliche Implikation; WiSt, 1/96, S. 15-20

Handelsblatt (1996a): Bank 24 - Kreditofferte soll Palette abrunden; Handelsblatt, 11.12.1996, S. 28

Handelsblatt (1996b): Advance Bank - Harter Wettbewerb der Direktbanken; Handelsblatt, 12.12.1996, S. 16

Handelsblatt (1997a): Zahlungsverkehr - Verbraucher sollen über GeldKarte entscheiden; Handelsblatt, 14.01.1997

Handelsblatt (1997b): Der ec-Scheck soll verdrängt werden; Handelsblatt, 24.06.1997, S. 15

Helmreich, R. (1980): Was ist Akzeptanzforschung?; Elektronische Rechneranlagen, 1/80, S. 21-24

Helmreich, R. (1991): Bürokommunikation und Akzeptanz; R. v. Decker, Heidelberg, 1991

Hoffmann, D. / Tilmes, R. / Ulrich, J. (1996): Vervielfachen Sie Ihre Schnittstellen zum Kunden!; Bank Magazin, 8/96, S. 39-42

Hövel, J. a. d. (1996): Schlüsselverwaltung im Trust; Frankfurter Allgemeine Zeitung, 10.12.1996, S. T2

Homburg, C. (1989): Exploratorische Ansätze der Kausalanalyse als Instrument der Marketingplanung; Lang, Frankfurt am Main, 1989

Homburg, C. (1992): Die Kausalanalyse - Eine Einführung; WiSt, Heft 10, Oktober 1992, S. 499-508 und S. 541-544

Homburg, C. / Baumgartner, H. (1995a): Beurteilung von Kausalmodellen; Marketing ZFB, Heft 3, 1995, S. 162-176

Homburg, C. / Baumgartner, H. (1995b): Die Kausalanalyse als Instrument der Marketingplanung; ZfB, Heft 10, 1995, S. 1091-1108

Hünerberg, R. / Heise, G. (1995): Multi-Media und Marketing - Grundlagen und Anwendungen; Gabler, Wiesbaden, 1995

Huly, H.-R. / Raake, S. (1995): Marketing Online - Gewinnchancen auf der Datenautobahn; Campus, Frankfurt/Main, 1995

Jäschke, M. / Albrecht, M. (1996): New Media - Von der Euphorie zur Investitionsentscheidung; Markenartikel, 5/96, S. 178-184

Jöreskog, K. G. / Sörbom, D. (1981): LISREL V - Analysis of Linear Structural Relationships by Maximum Likelihood, Instrument Variables and Least Square Methods; University of Uppsala, Schweden, 1981

Kähler, W.-M. (1994): SPSS für Windows - Datenanalyse unter Windows; Vieweg & Sohn, Braunschweig, 1994

Kollmann, T. / Weiber, R. [Hrsg.] (1996): Die Akzeptanz technologischer Innovationen - eine absatztheoretische Fundierung am Beispiel von Multimedia-Systemen; Universität Trier, Arbeitspapier zur Marketingtheorie Nr. 7, 1996

Kreyszig, E. (1982): Statistische Methoden und ihre Anwendung; Vandenhoeck & Ruprecht, Göttingen, 1982

Kutzer, H. (1996): CEBIT Home - Im Internet den Anleger fangen; Handelsblatt, 03.09.1996, S. 46

Lindén, L. (1986): Developmental Change and Linear Structural Equations - Applications of LISREL Models; Almqvist & Wiksell International, Stockholm, 1986

Long, J. S. (1983a): Confirmatory Factor Analysis; SAGE Publications, Newbury Park, 1991

Long, J. S. (1983b): Covariance Structure Models - An Introduction to LISREL; SAGE Publications, Newbury Park, 1990

Lucke, D. (1995): Akzeptanz - Legitimität in der „Abstimmungsgesellschaft"; Leske + Budrich, Opladen, 1995

Luckhardt, N. (1996): Qnf jne rvasnpu, tryy? - Kryptologische Begriffe und Verfahren; c't Magazin, 12/96, S. 110-113

Luckhardt, N. (1997): Die Mutter der Porzellankiste - Wie Kryptologie vor den Gefahren im Internet schützt; c't Report „Geld Online", 2/97, S. 21-27

Macho, R. / Sempert, F. (1996): Lohnt sich der Einstieg ins Internet?; Bank Magazin, 2/96, S. 16-17

Meffert, H. / Bruhn, M. (1995): Dienstleistungsmarketing - Grundlagen, Konzepte, Methoden; Gabler, Wiesbaden, 1995

Meyer, E. (1997): Dienstverpflichtung - Inhalte, Strategien und Preise von Online-Diensten; c't Magazin, 7/97, S. 136-142

Möbus, C. / Schneider, W. (Hrsg.) (1986): Strukturmodelle für Längsschnittdaten und Zeitreihen - LISREL, Pfad- und Varianzanalysen; Hans Huber, Bern, 1986

Müller-Böling, D. / Müller, M. (1986): Akzeptanzfaktoren der Bürokommunikation; Oldenbourg, München, 1986

Müller, M. (1996): Banken auf dem Weg ins Web; in'sideonline, 11/96, S. 100-102

Munkelt, I. (1996): Multimedia am PoS; absatzwirtschaft, 5/96, S. 114-125

Nägle, M. / Wieck, H.-A. (1986): Bildschirmtext bei Banken - Anwendung und Akzeptanz im Privatkundengeschäft; R. Fischer, München, 1986

Nieschlag, R. / Dichtl, E. / Hörschgen, H. (1988): Marketing; Duncker & Humblot, Berlin, 1988

Oehler, Andreas (1989): Die Akzeptanz der technikgestützten Selbstbedienung im Privatkundengeschäft von Universalbanken; C. E. Poeschel, Stuttgart, 1990

Pepels, W. (1995): Einführung in das Dienstleistungsmarketing; Vahlen, München, 1995

Pfeifer, A. / Schmidt, P. (1987): LISREL - Die Analyse komplexer Strukturgleichungsmodelle; Fischer, Stuttgart, 1987

Picot, A. / Reichwald, R. (1987): Bürokommunikation - Leitsätze für den Anwender; Angewandte Informationstechnik, Halbergmoos, 1987

Plewe, H. (1996): Multimedia; absatzwirtschaft, 3/96, S. 108-118

Randow, T. von (1991): Jetzt gibt es den unknackbaren Geheimcode; P.M. Perspektive - Die Welt der Zahlen, 91/025, S. 80-83

Reif, H. (1995): Netz ohne Angst - Sicherheitsrisiken des Internet; c't Magazin, 9/95, S. 174-183

Reif, H. (1996): Cyber-Dollars - Elektronisches Geld im Internet; c't Magazin, 5/96, S. 144-149

Scharf, A. / Schubert, B. (1994): Marketing - Einführung in Theorie und Praxis; Schäffer-Poeschel, Stuttgart, 1994

Schaumüller-Bichl, I. (1994): Die Chipkarte - Technologie und Entwicklungstrends; Elektrotechnik und Informationstechnik, 11/94, S. 594-604

Scheller, M. / Boden, K.-P. / Geenen, A. / Kampermann, J. (1994): Internet - Werkzeuge und Dienste; Springer, Berlin, 1994

Schierl, T. (1996): Multimedia ante portas; Marketing Journal, 1/96, S. 40-44

Schmid, P. E. (1994): Chiffrierschlüssel-Management gestern und heute; Elektrotechnik und Informationstechnik, 11/94, S. 604-615

Schmidt, I. (1996): Sicherheit im Internet - Den „Hackern" das Handwerk legen; Bank Magazin, 8/96, S. 35-38

Schönecker, H. G. (1985): Kommunikationstechnik und Bedienerakzeptanz; CW-Publikationen, München, 1985

Siering, P. / Brenken, D. (1997): Volle Kanne - Angebote und Leistungen der Internet Service Provider; c't Magazin, 8/97, S. 128-145

Sieweck, J. (1996): Vertriebswege von Finanzdienstleistungen; Sparkasse, 5/96, S. 229-232

Silberer, G. (1995a): Marketing mit Multimedia; Schäffer-Poeschel, Stuttgart, 1995

Silberer, G. (1995b): Multimedia; WiSt, 9/1995, S. 473-474

Sperlich, T. (1996): Bündel, Scheine, Münzen - Mit der Smart Card auf dem Weg zur bargeldlosen Gesellschaft; c't Magazin, 7/96, S. 98-101

Steinbrink, B. (1997a): DVD - die Zutaten - Aufzeichnungs- und Datenformate der DVD; c't Magazin, 4/97, S. 246-250

Steinbrink, B. (1997b): Dreisprung - Die wiederbeschreibbare CD-RW zwischen CD und DVD; c't Magazin, 4/97, S. 252-254

Steinmetz, R. (1993): Multimedia-Technologie - Einführung und Grundlagen; Springer, Heidelberg, 1993

Stockmann, C. (1997): Branchenreport Banken und Finanzdienstleister - Gerüstet für den Online-Kunden; Business Online, 1/2 1997, S. 38-42

Swoboda, B. (1995): Interaktive Medien am Point of Sale - Verhaltenswissenschaftliche Analyse der Wirkung multimedialer Systeme; Gabler, Wiesbaden, 1996

Thießen, F. (1996): Positionen zur Zukunft des Privatkundengeschäfts; Bank und Markt, 3/96, S. 15-18

Watts, A. (1994): Datenverschlüsselung in der Chipkarte - „Public-Key"-Verfahren setzen sich durch; Elektronik [München], 22/1994, S. 88-94

Weede, E. / Jagodzinski, W. (1977): Einführung in die konfirmatorische Faktorenanalyse; Zeitschrift für Soziologie, Juli 1977, S. 315-333

Weger, P. (1996): Sicher einkaufen im Internet; Banken & Versicherungen, 3/96, S. 12-14

Wilde, M. (1997): Technik und Dienste; c't Report „Geld Online", 2/97, S. 8-10

Wings, H. (1997): Die per PC geführten Konten werden auf gut 10 Millionen klettern; Interview in c't Report „Geld Online", 2/97, S. 17

Wirtschaftswoche (1996): Special - Electronic Banking; Wirtschaftswoche, 48/96, S. 178-202

Zivadinovic, D. (1997): Auf der Bremse - Telekom verzögert den Ausbau ihres TV-Kabelnetzes; c't Magazin, 8/97, S. 115

6.2. Fragebogen

Sehr geehrte Damen und Herren,

im Rahmen meiner Diplomarbeit zum Thema „Bankdienstleistungen in interaktiven Medien"
möchte ich Ihnen gerne einige Fragen zur Nutzung elektronischer Bankdienstleistungen stellen.
Von besonderem Interesse ist hierbei, wie häufig und aus welchen Gründen diese Dienste genutzt
werden, bzw. ungenutzt bleiben.
Ziel ist es zukünftige elektronische Bankdienstleistungen stärker an den Kundenbedürfnissen
auszurichten.

I. Kenntnis und Nutzung von elektronischen/interaktiven Bankdienstleistungen

Banken bieten eine Vielzahl unterschiedlicher elektronischer Bankdienstleistungen an. Ich lese Ihnen nun einige dieser Angebote vor und bitte Sie mir zu sagen, wie häufig Sie die jeweiligen Angebote **normalerweise** pro Monat nutzen.

	unbekannt	nie	Nutzungshäufigkeit pro Monat			öfter
			bis zu 2 mal	bis zu 4 mal	bis zu 6 mal	
a. Kontoauszugsdrucker						
b. Geldausgabeautomat						
c. Geldwechselautomat / Sortenwechsler						
d. Ladeterminal für die GeldKarte						
e. Überweisungsterminal						
f. Info- / Multimediaterminal						
g. Telefon-Banking (Kontofon)						
h. T-Online Kontoservice						
i. CD-ROM (Volksbank Media Vision)						
j. Internet Bankdienstleistungen						
k. Beratung per.Videokonferenz						

II. Bedienungsfreundlichkeit

Ich nenne Ihnen nun einige elektronische Dienstleistungen die von Banken angeboten werden. Wie
beurteilen Sie die Bedienungsfreundlichkeit in Bezug auf:

1. **Selbsterklärung** beim **ersten** Kontakt mit der Dienstleistung

	Die Bedienung ist					
	sehr über- sichtlich	über- sichtlich	teils teils	unüber- sichtlich	sehr unüber- sichtlich	weiß ich nicht
a. Kontoauszugsdrucker						
b. Geldausgabeautomat						
c. Geldwechselautomat / Sortenwechsler						
d. Ladeterminal für die GeldKarte						
e. Überweisungsterminal						
f. Info- / Multimediaterminal						
g. Telefon-Banking (Kontofon)						
h. T-Online Kontoservice						
i. CD-ROM (Volksbank Media Vision)						
j. Internet Bankdienstleistungen						

2. **Einfachheit/Kompliziertheit** bei der **weiteren** Nutzung

	Die Bedienung ist					
	sehr einfach	einfach	teils teils	kom- pliziert	sehr kom- pliziert	weiß ich nicht
a. Kontoauszugsdrucker						
b. Geldausgabeautomat						
c. Geldwechselautomat / Sortenwechsler						
d. Ladeterminal für die GeldKarte						
e. Überweisungsterminal						
f. Info- / Multimediaterminal						
g. Telefon-Banking (Kontofon)						
h. T-Online Kontoservice						
i. CD-ROM (Volksbank Media Vision)						
j. Internet Bankdienstleistungen						

III. Positive Aspekte von Überweisungsterminals

Die Überweisungsterminals bieten eine Vielzahl von Servicefunktionen. Einerseits ist es möglich aktuelle Bankinformationen und Kontoinformationen abzufragen, andererseits besteht die Möglichkeit Mitteilungen zu versenden, Formulare zu bestellen und natürlich Überweisungen zu tätigen.

Zu der letztgenannten Dienstleistung werde ich ihnen jetzt einige **Vorteile** vorlesen. Ihre Meinung hierzu können Sie mir anhand einer fünfstufigen Skala von 0 bis 4 nennen, wobei die 0 für kein Vorteil und die 4 für sehr großer Vorteil steht.

	kein Vorteil	sehr geringer Vorteil	eher geringer Vorteil	eher großer Vorteil	sehr großer Vorteil
a. Die eigenen Kontodaten werden von der Karte gelesen und brauchen somit nicht eingegeben zu werden.	0	1	2	3	4
b. Die eingegebenen Daten werden auf Vollständigkeit und Richtigkeit überprüft	0	1	2	3	4
c. Der aktuelle Kontostand und die Umsätze sind vorher abrufbar	0	1	2	3	4
d. Steht auch außerhalb der Öffnungszeiten zur Verfügung	0	1	2	3	4

IV. Negative Aspekte von Überweisungsterminals

Die Aussagen die Ihnen jetzt vorlese beziehen sich auf **Nachteile** der Überweisungsterminals. Beurteilen Sie auch diese Aussagen mit der Skala von 0 bis 4. Die Zahl 0 bedeutet kein Nachteil, die Zahl 4 sehr großer Nachteil.

	kein Nachteil	sehr geringer Nachteil	eher geringer Nachteil	eher großer Nachteil	sehr großer Nachteil
a. Es besteht die Gefahr von Fehlbedienung	0	1	2	3	4
b. Es besteht die Gefahr von Fehlbuchungen	0	1	2	3	4
c. Es besteht die Gefahr von anderen beobachtet zu werden	0	1	2	3	4
d. Man hat weniger persönlichen Kontakt zu seiner Bank	0	1	2	3	4

V. Besitz und Nutzung der ec-Karte

a. Besitzen Sie eine ec-Karte?　　　　❏ ja　　　　❏ nein

Wie häufig **pro Monat** nutzen Sie Ihre ec-Karte	nie	bis zu 2 mal	bis zu 4 mal	bis zu 6 mal	öfter
b. zur Barabhebung am Geldautomat					
c. als Scheckkarte (Zur garantierten Bezahlung mit Euroschecks)					
d. als POS-Karte mit Geheimnummer (Identifikation per Geheimnummer)					
e. als POS-Karte mit Unterschrift (Legitimation durch Unterschrift)					

VI. Positive Aspekte der GeldKarte

Ihre neue ec-Karte (BANKCARD ec) verfügt über die sogenannte Geldkartenfunktion. Ein Chip auf der Karte kann elektronisches „Bargeld" bis zu maximal 400,-- DM speichern.
Das Aufladen der Karte erfolgt an den speziellen Ladeterminals direkt von Ihrem Konto und ist kostenlos. Hierzu müssen Sie den gewünschten Ladebetrag wählen und sich durch ihre persönliche Geheimzahl ausweisen.
Beim Bezahlen wird die Karte in ein Lesegerät eingeschoben und ohne Eingabe einer Geheimzahl wird der auf der Karte gespeicherte Betrag um den Kaufpreis vermindert. Die letzten 15 Umsätze sind auf der Karte gespeichert und können mit einem Taschenkartenleser ausgelesen werden.
Bei Verlust der Karte ist, wie bei einem verlorenen Portemonnaie, nur der gespeicherte Guthabenbetrag verloren.
Ich werde Ihnen nun einige Aussagen vorlesen die **Vorteile** der GeldKarte betreffen. Sagen Sie mir bitte, wie Sie die folgenden Punkte bei der Nutzung beurteilen.

	kein Vorteil	sehr geringer Vorteil	eher geringer Vorteil	eher großer Vorteil	sehr großer Vorteil
a. Man kann die Bezahlung schnell und bequem abwickeln	0	1	2	3	4
b. Auch kleinste Beträge können mit der Geld-Karte bezahlt werden	0	1	2	3	4
c. Man braucht nicht mehr so viel Bargeld mitzunehmen	0	1	2	3	4
d. Es entstehen keine zusätzlichen Kosten bei der Aufladung und Bezahlung	0	1	2	3	4

VII. Negative Aspekte der GeldKarte

Nun ein paar Aussagen zu **Nachteilen** der GeldKarte.
Bitte bewerten Sie auch diese Aussagen anhand einer fünfstufigen Skala von 0 bis 4. Die 0 steht hierbei für kein Nachteil, die 4 für sehr großer Nachteil.

	kein Nachteil	sehr geringer Nachteil	eher geringer Nachteil	eher großer Nachteil	sehr großer Nachteil
a. Man verliert leicht den Überblick über seine Ausgaben	0	1	2	3	4
b. Man hat immer ein sehr hohes (unverzinstes) Guthaben auf der Karte	0	1	2	3	4
c. Die Karte könnte beschädigt werden und somit das gespeicherte Guthaben verloren gehen	0	1	2	3	4
d. Die Bank kann nachvollziehen wo und wieviel Geld man ausgibt	0	1	2	3	4

VIII. Soziodemographische Angaben

Abschließend möchte ich Sie noch bitten mir ein paar persönliche Fragen zu beantworten. Es steht Ihnen frei, jeweils keine Angaben zu machen.

a. **Geschlecht:** ❑ männlich ❑ weiblich

b. **Wie alt sind Sie?** _____ Jahre ❑ keine Angabe

c. **Welche Schule besuchen Sie, bzw. welchen Schulabschluß haben Sie?**

❑ Hauptschule ❑ Realschule ❑ Abitur/Hochschulreife ❑ Studium ❑ keine Angabe

d. **Welchen Beruf üben Sie derzeit aus?**

❑ Schüler(in)/Auszubildende(r) ❑ Student(in) ❑ Hausfrau/Hausmann ❑ Rentner(in)

❑ Arbeiter(in) ❑ Angestellte(r) in Privatwirtschaft ❑ Angestellte(r) im öff. D. ❑ Beamte(r)

❑ Selbständige(r) ❑ Sonstiges: _____ ❑ keine Angabe

e. **Wieviel Personen leben in Ihrem Haushalt, Sie selbst mit eingeschlossen?**

❑ eine Person ❑ zwei Personen ❑ drei Personen ❑ vier und mehr Personen ❑ keine Angabe

f. **In welche der folgenden Klassen ordnen Sie Ihr ❑ verfügbares (bzw. ❑ Haushalts-) Nettoeinkommen ein? Also die von Ihnen (bzw. von allen in Ihrem Haushalt lebenden Personen) erzielten Einnahmen, abzüglich Steuern und Sozialabgaben.**

❑ bis 1.000,- DM ❑ 1.000,- bis 2.000,- DM ❑ 2.000,- bis 3.000,- DM

❑ 3.000,- bis 4.000,- DM ❑ 4.000,- bis 5.000,- DM ❑ über 5.000,- DM ❑ keine Angabe

Vielen Dank für Ihre Mitarbeit!

6.3. LISREL Ausgabedaten

6.3.1. Überweisungsterminal

```
1                        DOS - L I S R E L  7.20
0                               BY
0               KARL G JORESKOG AND DAG SORBOM


                This program is published exclusively by

                        SCIENTIFIC SOFTWARE, Inc.
                     1525 East 53rd Street, Suite 906
                      Chicago, Illinois 60615, U.S.A.
                      (800)247-6113 or (312)684-4979

        Copyright by Scientific Software, Inc. (a Michigan corporation), 1981-91.
            Partial copyright by Microsoft Corporation, 1984-90.
                         All rights reserved.
OTHE FOLLOWING LISREL CONTROL LINES HAVE BEEN READ :


Konfirmatorische Faktorenanalyse fuer Ueberweisungsterminals (Eingabedaten: Kov

 DA NI=8 NO=70 MA=KM
 LA
 'Kontodaten' 'Vollstaendigkeit' 'Oeffnungszeiten' 'Kontostand' 'Fehlbedienung' 'Fehlbu-
chung' 'Kontakt' 'Beobachtet'/

 CM SY
 2.1600
 1.1536  1.4700
 0.9565  0.9710  2.0700
 0.8058  0.9594  1.1822  2.1700
 0.2435  0.0667  0.1646  0.4062  1.7600
 0.3014 -0.0493 -0.3437  0.3006  1.1959  2.1600
 0.3536  0.0841 -0.0135  0.5375  0.9903  0.9644  2.7700
-0.3333 -0.4783 -0.4917 -0.2712  0.5062  0.9151  0.9969  2.3200

 MO NX=8 NK=4 TD=SY

 LK
 'Pos_Qualitaet' 'Information' 'Neg_Qualitaet' 'Sicherheit'/

 FR LX(1,1) LX(2,1) LX(3,1) LX(5,3) LX(6,3) LX(7,3)

 ST 0.9 LX(4,2) LX(8,4)

 FI PH(1,1) PH(2,2) PH(3,3) PH(4,4)
 VA 1.0 PH(1,1) PH(2,2) PH(3,3) PH(4,4)

 ST 0.19 TD(4,4) TD(8,8)

 OU ND=4 ME=UL RS AD=OFF IT=100
1Konfirmatorische Faktorenanalyse fuer Ueberweisungsterminals (Eingabedaten: Kov
0                    NUMBER OF INPUT VARIABLES  8
0                    NUMBER OF Y - VARIABLES    0
0                    NUMBER OF X - VARIABLES    8
0                    NUMBER OF ETA - VARIABLES  0
0                    NUMBER OF KSI - VARIABLES  4
0                    NUMBER OF OBSERVATIONS    70
OW_A_R_N_I_N_G : Chi-square, standard errors, t-values and standardized
                residuals are calculated under the assumption of multi-
                variate normality.
```

```
1Konfirmatorische Faktorenanalyse fuer Ueberweisungsterminals (Eingabedaten: Kov
0        CORRELATION MATRIX TO BE ANALYZED
0           Kontodat   Vollstae   Oeffnung   Kontosta   Fehlbedi   Fehlbuch
+         _____   _____   _____   _____   _____   _____
 Kontodat   1.0000
 Vollstae    .6474    1.0000
 Oeffnung    .4523     .5566    1.0000
 Kontosta    .3722     .5372     .5578    1.0000
 Fehlbedi    .1249     .0415     .0862     .2079    1.0000
 Fehlbuch    .1395    -.0277    -.1625     .1388     .6134    1.0000
  Kontakt    .1446     .0417    -.0056     .2192     .4485     .3943
 Beobacht   -.1489    -.2590    -.2244    -.1209     .2505     .4088
0        CORRELATION MATRIX TO BE ANALYZED
0            Kontakt   Beobacht
+         _____   _____
 Kontakt    1.0000
 Beobacht    .3932    1.0000
1Konfirmatorische Faktorenanalyse fuer Ueberweisungsterminals (Eingabedaten: Kov
0PARAMETER SPECIFICATIONS
0        LAMBDA X
0           Pos_Qual   Informat   Neg_Qual   Sicherhe
+         _____   _____   _____   _____
 Kontodat       1          0          0          0
 Vollstae       2          0          0          0
 Oeffnung       3          0          0          0
 Kontosta       0          0          0          0
 Fehlbedi       0          0          4          0
 Fehlbuch       0          0          5          0
  Kontakt       0          0          6          0
 Beobacht       0          0          0          0
0        PHI
0           Pos_Qual   Informat   Neg_Qual   Sicherhe
+         _____   _____   _____   _____
 Pos_Qual       0
 Informat       7          0
 Neg_Qual       8          9          0
 Sicherhe      10         11         12          0
0        THETA DELTA
0           Kontodat   Vollstae   Oeffnung   Kontosta   Fehlbedi   Fehlbuch
+         _____   _____   _____   _____   _____   _____
 Kontodat      13
 Vollstae       0         14
 Oeffnung       0          0         15
 Kontosta       0          0          0         16
 Fehlbedi       0          0          0          0         17
 Fehlbuch       0          0          0          0          0         18
  Kontakt       0          0          0          0          0          0
 Beobacht       0          0          0          0          0          0
0        THETA DELTA
0            Kontakt   Beobacht
+         _____   _____
 Kontakt      19
 Beobacht       0         20
1Konfirmatorische Faktorenanalyse fuer Ueberweisungsterminals (Eingabedaten: Kov
0INITIAL ESTIMATES (IV)
0        LAMBDA X
0           Pos_Qual   Informat   Neg_Qual   Sicherhe
+         _____   _____   _____   _____
 Kontodat    .9000      .0000      .0000      .0000
 Vollstae    .9330      .0000      .0000      .0000
 Oeffnung    .6598      .0000      .0000      .0000
 Kontosta    .0000      .9000      .0000      .0000
 Fehlbedi    .0000      .0000      .9000      .0000
 Fehlbuch    .0000      .0000      .6918      .0000
  Kontakt    .0000      .0000      .5677      .0000
 Beobacht    .0000      .0000      .0000      .9000
0        PHI
0           Pos_Qual   Informat   Neg_Qual   Sicherhe
+         _____   _____   _____   _____
 Pos_Qual   1.0000
 Informat    .6324     1.0000
 Neg_Qual    .0809      .2811     1.0000
 Sicherhe   -.2750     -.1492      .5046     1.0000
```

```
0      THETA DELTA
0         Kontodat   Vollstae   Oeffnung   Kontosta   Fehlbedi   Fehlbuch
+
Kontodat   .1900
Vollstae   .0000      .1296
Oeffnung   .0000      .0000      .5646
Kontosta   .0000      .0000      .0000      .1900
Fehlbedi   .0000      .0000      .0000      .0000      .1900
Fehlbuch   .0000      .0000      .0000      .0000      .0000      .5214
  Kontakt  .0000      .0000      .0000      .0000      .0000      .0000
Beobacht   .0000      .0000      .0000      .0000      .0000      .0000
0      THETA DELTA
0         Kontakt    Beobacht
+
  Kontakt  .6777
Beobacht   .0000      .1900
0      SQUARED MULTIPLE CORRELATIONS FOR X - VARIABLES
0         Kontodat   Vollstae   Oeffnung   Kontosta   Fehlbedi   Fehlbuch
+
           .8100      .8704      .4354      .8100      .8100      .4786
0      SQUARED MULTIPLE CORRELATIONS FOR X - VARIABLES
0         Kontakt    Beobacht
+
           .3223      .8100
0      TOTAL COEFFICIENT OF DETERMINATION FOR X - VARIABLES IS   .999
1Konfirmatorische Faktorenanalyse fuer Ueberweisungsterminals (Eingabedaten: Kov
0LISREL ESTIMATES (UNWEIGHTED LEAST SQUARES)
0      LAMBDA X
0         Pos_Qual   Informat   Neg_Qual   Sicherhe
+
Kontodat   .6748      .0000      .0000      .0000
Vollstae   .8538      .0000      .0000      .0000
Oeffnung   .7080      .0000      .0000      .0000
Kontosta   .0000      .9000      .0000      .0000
Fehlbedi   .0000      .0000      .7320      .0000
Fehlbuch   .0000      .0000      .7447      .0000
  Kontakt  .0000      .0000      .6249      .0000
Beobacht   .0000      .0000      .0000      .9000
0      PHI
0         Pos_Qual   Informat   Neg_Qual   Sicherhe
+
Pos_Qual   1.0000
Informat   .7282      1.0000
Neg_Qual   .0720      .2945      1.0000
Sicherhe  -.3167     -.1492      .5504      1.0000
0      THETA DELTA
0         Kontodat   Vollstae   Oeffnung   Kontosta   Fehlbedi   Fehlbuch
+
Kontodat   .5447
Vollstae   .0000      .2710
Oeffnung   .0000      .0000      .4987
Kontosta   .0000      .0000      .0000      .1900
Fehlbedi   .0000      .0000      .0000      .0000      .4642
Fehlbuch   .0000      .0000      .0000      .0000      .0000      .4454
  Kontakt  .0000      .0000      .0000      .0000      .0000      .0000
Beobacht   .0000      .0000      .0000      .0000      .0000      .0000
0      THETA DELTA
0         Kontakt    Beobacht
+
  Kontakt  .6095
Beobacht   .0000      .1900
0      SQUARED MULTIPLE CORRELATIONS FOR X - VARIABLES
0         Kontodat   Vollstae   Oeffnung   Kontosta   Fehlbedi   Fehlbuch
+
           .4553      .7290      .5013      .8100      .5358      .5546
0      SQUARED MULTIPLE CORRELATIONS FOR X - VARIABLES
0         Kontakt    Beobacht
+
           .3905      .8100
0      TOTAL COEFFICIENT OF DETERMINATION FOR X - VARIABLES IS   .996


0      CHI-SQUARE WITH 16 DEGREES OF FREEDOM =    25.43 (P = .063)
0                      GOODNESS OF FIT INDEX = .980
              ADJUSTED GOODNESS OF FIT INDEX = .955
                 ROOT MEAN SQUARE RESIDUAL = .063
```

119

```
1Konfirmatorische Faktorenanalyse fuer Ueberweisungsterminals (Eingabedaten: Kova
0       FITTED COVARIANCE MATRIX
0          Kontodat    Vollstae    Oeffnung    Kontosta    Fehlbedi    Fehlbuch
+
 Kontodat   1.0000
 Vollstae    .5761     1.0000
 Oeffnung    .4777      .6045     1.0000
 Kontosta    .4422      .5596      .4640     1.0000
 Fehlbedi    .0356      .0450      .0373      .1940     1.0000
 Fehlbuch    .0362      .0458      .0380      .1974      .5451     1.0000
 Kontakt     .0304      .0384      .0319      .1656      .4574      .4654
 Beobacht   -.1923     -.2434     -.2018     -.1209      .3626      .3689
0       FITTED COVARIANCE MATRIX
0           Kontakt    Beobacht
+
 Kontakt    1.0000
 Beobacht    .3095     1.0000
0       FITTED RESIDUALS
0          Kontodat    Vollstae    Oeffnung    Kontosta    Fehlbedi    Fehlbuch
+
 Kontodat    .0000
 Vollstae    .0713      .0000
 Oeffnung   -.0254     -.0479      .0000
 Kontosta   -.0700     -.0224      .0938      .0000
 Fehlbedi    .0893     -.0035      .0489      .0138      .0000
 Fehlbuch    .1033     -.0735     -.2005     -.0586      .0682      .0000
 Kontakt     .1142      .0032     -.0375      .0536     -.0089     -.0711
 Beobacht    .0434     -.0156     -.0226      .0000     -.1121      .0399
0       FITTED RESIDUALS
0           Kontakt    Beobacht
+
 Kontakt     .0000
 Beobacht    .0837      .0000
-SUMMARY STATISTICS FOR FITTED RESIDUALS
 SMALLEST FITTED RESIDUAL =     -.201
   MEDIAN FITTED RESIDUAL =      .000
  LARGEST FITTED RESIDUAL =      .114
-STEMLEAF PLOT
  - 2|0
  - 1|
  - 1|1
  - 0|77765
  - 0|43222100000000000
    0|144
    0|5577899
    1|01
0       STANDARDIZED RESIDUALS
0          Kontodat    Vollstae    Oeffnung    Kontosta    Fehlbedi    Fehlbuch
+
 Kontodat    .0000
 Vollstae    .5132      .0000
 Oeffnung   -.1904     -.3403      .0000
 Kontosta   -.5320     -.1624      .7065      .0000
 Fehlbedi    .7414     -.0295      .4059      .1128      .0000
 Fehlbuch    .8578     -.6096    -1.6645     -.4772      .4975      .0000
 Kontakt     .9481      .0269     -.3114      .4392     -.0674     -.5357
 Beobacht    .3544     -.1261     -.1836      .0000     -.8751      .3110
0       STANDARDIZED RESIDUALS
0           Kontakt    Beobacht
+
 Kontakt     .0000
 Beobacht    .6643      .0000
-SUMMARY STATISTICS FOR STANDARDIZED RESIDUALS
 SMALLEST STANDARDIZED RESIDUAL =    -1.664
   MEDIAN STANDARDIZED RESIDUAL =     .000
  LARGEST STANDARDIZED RESIDUAL =     .948
-STEMLEAF PLOT
  - 1|7
  - 1|
  - 0|96555
  - 0|332221100000000000
    0|13444
    0|5577799
```

1Konfirmatorische Faktorenanalyse fuer Ueberweisungsterminals (Eingabedaten: Kov
-                    QPLOT OF STANDARDIZED RESIDUALS

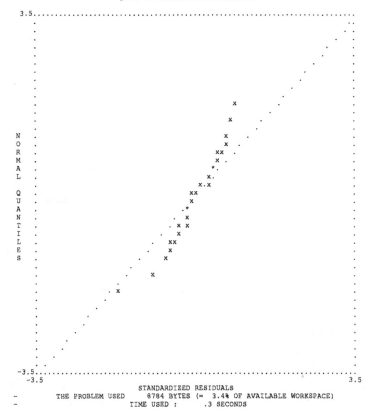

```
   3.5......................................................................
     .                                                                    . .
     .                                                                 .    .
     .                                                              .       .
     .                                                           .          .
     .                                                        .             .
     .                                                     .                .
     .                                          x       .                   .
     .                                        x       .                     .
  N  .                                       x     .                        .
  O  .                                      x    .                          .
  R  .                                     xx  .                            .
  M  .                                    x  .                              .
  A  .                                   *.                                 .
  L  .                                  x.                                  .
     .                                 x.x                                  .
  Q  .                                xx                                    .
  U  .                               x                                      .
  A  .                              .*                                      .
  N  .                            . x                                       .
  T  .                          . x x                                       .
  I  .                         .  x                                         .
  L  .                        . xx                                          .
  E  .                       .  x                                           .
  S  .                      .  x                                            .
     .                                                                      .
     .                    .  x                                              .
     .                  .                                                   .
     .               . x                                                    .
     .            .                                                         .
     .         .                                                            .
     .      .                                                               .
     .   .                                                                  .
     . .                                                                    .
  -3.5......................................................................
    -3.5                                                                 3.5
                        STANDARDIZED RESIDUALS
-        THE PROBLEM USED      8784 BYTES (=  3.4% OF AVAILABLE WORKSPACE)
-                           TIME USED :     .3 SECONDS
```

6.3.2. GeldKarte

```
1                        DOS - L I S R E L  7.20
0                                BY
0                     KARL G JORESKOG AND DAG SORBOM


                  This program is published exclusively by

                        SCIENTIFIC SOFTWARE, Inc.
                    1525 East 53rd Street, Suite 906
                       Chicago, Illinois 60615, U.S.A.
                    (800)247-6113 or (312)684-4979

          Copyright by Scientific Software, Inc. (a Michigan corporation), 1981-91.
                 Partial copyright by Microsoft Corporation, 1984-90.
                           All rights reserved.
        OTHE FOLLOWING LISREL CONTROL LINES HAVE BEEN READ :


        Konfirmatorische Faktorenanalyse fuer Geldkarte (Eingabedaten: Kovarianzmatrix)

        DA NI=8 NO=74 MA=KM
        LA
        'Schnelle_Bezahlung' 'Kleinbetraege' 'W_Bargeld' 'Kostenlos' 'Ausgabenkontr.' 'Nachver-
        folgung' 'H_Guthaben' 'Beschaedigung'/

        CM SY
         2.2300
         1.7747  2.8100
         1.6570  1.5322  2.5600
         0.8919  1.1607  1.3795  2.5400
         0.2264  0.4922 -0.1483  0.1077  2.5300
         0.5539  0.3140  0.0933  0.0526  0.5405  2.3200
        -0.2773 -0.2451 -0.2751  0.0715  0.8912  0.2858  1.8600
        -0.0894  0.3160  0.2031  0.2621  0.6751  0.3362  0.9445  2.4500


        MO NX=8 NK=3 TD=SY

        LK
        'Pos_Qualitaet' 'Neg_Qualitaet' 'Sicherheit'/

        FR LX(1,1) LX(2,1) LX(3,1) LX(4,1) LX(5,2) LX(6,2) LX(7,3) LX(8,3)

        FI PH(1,1) PH(2,2) PH(3,3)
        VA 1.0 PH(1,1) PH(2,2) PH(3,3)

        OU ND=4 ME=UL RS AD=OFF IT=100
1Konfirmatorische Faktorenanalyse fuer Geldkarte (Eingabedaten: Kovarianzmatrix)
0                            NUMBER OF INPUT VARIABLES   8
0                            NUMBER OF Y - VARIABLES     0
0                            NUMBER OF X - VARIABLES     8
0                            NUMBER OF ETA - VARIABLES   0
0                            NUMBER OF KSI - VARIABLES   3
0                            NUMBER OF OBSERVATIONS     74
0W_A_R_N_I_N_G.: Chi-square, standard errors, t-values and standardized
                 residuals are calculated under the assumption of multi-
                 variate normality.
1Konfirmatorische Faktorenanalyse fuer Geldkarte (Eingabedaten: Kovarianzmatrix)
0       CORRELATION MATRIX TO BE ANALYZED
0           Schnelle   Kleinbet   W_Bargel   Kostenlo   Ausgaben   Nachverf
+         _____   _____   _____   _____   _____   _____
        Schnelle    1.0000
        Kleinbet     .7090    1.0000
        W_Bargel     .6935     .5713    1.0000
        Kostenlo     .3748     .4345     .5410    1.0000
        Ausgaben     .0953     .1846    -.0583     .0425    1.0000
        Nachverf     .2435     .1230     .0383     .0217     .2858    1.0000
        H_Guthab    -.1362    -.1072    -.1261     .0329     .4108     .1376
        Beschaed    -.0382     .1204     .0811     .1051     .2712     .1410
```

```
0         CORRELATION MATRIX TO BE ANALYZED
0            H_Guthab    Beschaed
+          ----------
H_Guthab     1.0000
Beschaed      .4424    1.0000
```
1Konfirmatorische Faktorenanalyse fuer Geldkarte (Eingabedaten: Kovarianzmatrix)
```
OPARAMETER SPECIFICATIONS
0         LAMBDA X
0            Pos_Qual    Neg_Qual    Sicherhe
+          ----------  ----------  ----------
Schnelle         1           0           0
Kleinbet         2           0           0
W_Bargel         3           0           0
Kostenlo         4           0           0
Ausgaben         0           5           0
Nachverf         0           6           0
H_Guthab         0           0           7
Beschaed         0           0           8
0         PHI
0            Pos_Qual    Neg_Qual    Sicherhe
+          ----------  ----------  ----------
Pos_Qual         0
Neg_Qual         9           0
Sicherhe        10          11           0
0         THETA DELTA
0            Schnelle    Kleinbet    W_Bargel    Kostenlo    Ausgaben    Nachverf
+          ----------  ----------  ----------  ----------  ----------  ----------
Schnelle        12
Kleinbet         0          13
W_Bargel         0           0          14
Kostenlo         0           0           0          15
Ausgaben         0           0           0           0          16
Nachverf         0           0           0           0           0          17
H_Guthab         0           0           0           0           0           0
Beschaed         0           0           0           0           0           0
0         THETA DELTA
0            H_Guthab    Beschaed
+          ----------  ----------
H_Guthab        18
Beschaed         0          19
```
1Konfirmatorische Faktorenanalyse fuer Geldkarte (Eingabedaten: Kovarianzmatrix)
```
0INITIAL ESTIMATES (IV)
0         LAMBDA X
0            Pos_Qual    Neg_Qual    Sicherhe
+          ----------  ----------  ----------
Schnelle      .9000       .0000       .0000
Kleinbet      .7709       .0000       .0000
W_Bargel      .7851       .0000       .0000
Kostenlo      .5899       .0000       .0000
Ausgaben      .0000       .9000       .0000
Nachverf      .0000       .4757       .0000
H_Guthab      .0000       .0000       .9000
Beschaed      .0000       .0000      -.0053
0         PHI
0            Pos_Qual    Neg_Qual    Sicherhe
+          ----------  ----------  ----------
Pos_Qual     1.0000
Neg_Qual      .1452      1.0000
Sicherhe     -.1341       .4646      1.0000
0         THETA DELTA
0            Schnelle    Kleinbet    W_Bargel    Kostenlo    Ausgaben    Nachverf
+          ----------  ----------  ----------  ----------  ----------  ----------
Schnelle      .1900
Kleinbet      .0000       .4056
W_Bargel      .0000       .0000       .3836
Kostenlo      .0000       .0000       .0000       .6521
Ausgaben      .0000       .0000       .0000       .0000       .1900
Nachverf      .0000       .0000       .0000       .0000       .0000       .7737
H_Guthab      .0000       .0000       .0000       .0000       .0000       .0000
Beschaed      .0000       .0000       .0000       .0000       .0000       .0000
0         THETA DELTA
0            H_Guthab    Beschaed
+          ----------  ----------
H_Guthab      .1900
Beschaed      .0000      1.0000
```

```
0       SQUARED MULTIPLE CORRELATIONS FOR X - VARIABLES
0         Schnelle   Kleinbet   W_Bargel   Kostenlo   Ausgaben   Nachverf
+
            .8100      .5944      .6164      .3479      .8100      .2263
0       SQUARED MULTIPLE CORRELATIONS FOR X - VARIABLES
0         H_Guthab   Beschaed
+
            .8100      .0000
0       TOTAL COEFFICIENT OF DETERMINATION FOR X - VARIABLES IS    .995
1Konfirmatorische Faktorenanalyse fuer Geldkarte (Eingabedaten: Kovarianzmatrix)
OLISREL ESTIMATES (UNWEIGHTED LEAST SQUARES)
0       LAMBDA X
0         Pos_Qual   Neg_Qual   Sicherhe
+
 Schnelle    .8575      .0000      .0000
 Kleinbet    .7883      .0000      .0000
 W_Bargel    .7972      .0000      .0000
 Kostenlo    .5434      .0000      .0000
 Ausgaben    .0000      .6501      .0000
 Nachverf    .0000      .3432      .0000
 H_Guthab    .0000      .0000      .8496
 Beschaed    .0000      .0000      .5208
0       PHI
0         Pos_Qual   Neg_Qual   Sicherhe
+
 Pos_Qual   1.0000
 Neg_Qual    .2039     1.0000
 Sicherhe   -.0640      .7157     1.0000
0       THETA DELTA
0         Schnelle   Kleinbet   W_Bargel   Kostenlo   Ausgaben   Nachverf
+
 Schnelle    .2648
 Kleinbet    .0000      .3785
 W_Bargel    .0000      .0000      .3645
 Kostenlo    .0000      .0000      .0000      .7047
 Ausgaben    .0000      .0000      .0000      .0000      .5774
 Nachverf    .0000      .0000      .0000      .0000      .0000      .8822
 H_Guthab    .0000      .0000      .0000      .0000      .0000      .0000
 Beschaed    .0000      .0000      .0000      .0000      .0000      .0000
0       THETA DELTA
0         H_Guthab   Beschaed
+
 H_Guthab    .2782
 Beschaed    .0000      .7288
0       SQUARED MULTIPLE CORRELATIONS FOR X - VARIABLES
0         Schnelle   Kleinbet   W_Bargel   Kostenlo   Ausgaben   Nachverf
+
            .7352      .6215      .6355      .2953      .4226      .1178
0       SQUARED MULTIPLE CORRELATIONS FOR X - VARIABLES
0         H_Guthab   Beschaed
+
            .7218      .2712
0       TOTAL COEFFICIENT OF DETERMINATION FOR X - VARIABLES IS    .978


0       CHI-SQUARE WITH 17 DEGREES OF FREEDOM =    29.80 (P = .028)
0                   GOODNESS OF FIT INDEX = .974
            ADJUSTED GOODNESS OF FIT INDEX = .944
                  ROOT MEAN SQUARE RESIDUAL =      .070
1Konfirmatorische Faktorenanalyse fuer Geldkarte (Eingabedaten: Kovarianzmatrix)
0       FITTED COVARIANCE MATRIX
0         Schnelle   Kleinbet   W_Bargel   Kostenlo   Ausgaben   Nachverf
+
 Schnelle   1.0000
 Kleinbet    .6760     1.0000
 W_Bargel    .6836      .6284     1.0000
 Kostenlo    .4659      .4284      .4332     1.0000
 Ausgaben    .1136      .1045      .1056      .0720     1.0000
 Nachverf    .0600      .0552      .0558      .0380      .2231     1.0000
 H_Guthab   -.0466     -.0429     -.0434     -.0296      .3952      .2087
 Beschaed   -.0286     -.0263     -.0266     -.0181      .2423      .1279
0       FITTED COVARIANCE MATRIX
0         H_Guthab   Beschaed
+
 H_Guthab   1.0000
 Beschaed    .4424     1.0000
```

```
0      FITTED RESIDUALS
0         Schnelle   Kleinbet   W_Bargel   Kostenlo   Ausgaben   Nachverf
+         _____   _____   _____   _____   _____   _____
Schnelle    .0000
Kleinbet    .0330     .0000
W_Bargel    .0099    -.0572     .0000
Kostenlo   -.0912     .0061     .1078      .0000
Ausgaben   -.0183     .0801    -.1639     -.0295      .0000
Nachverf    .1835     .0678    -.0175     -.0163      .0000      .0000
H_Guthab   -.0895    -.0643    -.0827      .0625      .0156     -.0711
Beschaed   -.0097     .1467     .1077      .1232      .0289      .0131
0      FITTED RESIDUALS
0         H_Guthab   Beschaed
+         _____   _____
H_Guthab    .0000
Beschaed    .0000      .0000
-SUMMARY STATISTICS FOR FITTED RESIDUALS
 SMALLEST FITTED RESIDUAL =      -.164
   MEDIAN FITTED RESIDUAL =       .000
  LARGEST FITTED RESIDUAL =       .184
-STEMLEAF PLOT
  - 1| 6
  - 1|
  - 0| 998766
  - 0| 322210000000000
    0| 111233
    0| 678
    1| 112
    1| 58
0      STANDARDIZED RESIDUALS
0         Schnelle   Kleinbet   W_Bargel   Kostenlo   Ausgaben   Nachverf
+         _____   _____   _____   _____   _____   _____
Schnelle    .0000
Kleinbet    .2336     .0000
W_Bargel    .0702    -.4136     .0000
Kostenlo   -.7061     .0479     .8452      .0000
Ausgaben   -.1555     .6809    -1.3928    -.2516      .0000
Nachverf   1.5653     .5786    -.1492     -.1396      .0000      .0000
H_Guthab   -.7640    -.5491    -.7060      .5334      .1238     -.5945
Beschaed   -.0825    1.2531     .9197     1.0523      .2398      .1111
0      STANDARDIZED RESIDUALS
0         H_Guthab   Beschaed
+         _____   _____
H_Guthab    .0000
Beschaed    .0000      .0000
-SUMMARY STATISTICS FOR STANDARDIZED RESIDUALS
 SMALLEST STANDARDIZED RESIDUAL =    -1.393
   MEDIAN STANDARDIZED RESIDUAL =      .000
  LARGEST STANDARDIZED RESIDUAL =     1.565
-STEMLEAF PLOT
  - 1| 4
  - 0| 87765
  - 0| 4321110000000000
    0| 11122
    0| 56789
    1| 13
    1| 6
```

1Konfirmatorische Faktorenanalyse fuer Geldkarte (Eingabedaten: Kovarianzmatrix)
-                    QPLOT OF STANDARDIZED RESIDUALS

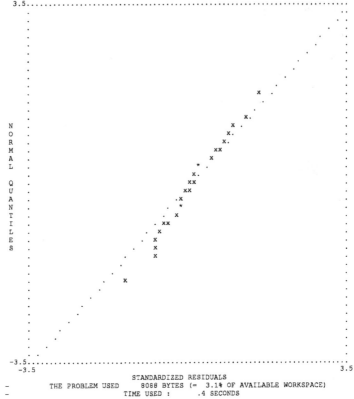

STANDARDIZED RESIDUALS
-          THE PROBLEM USED   8088 BYTES (= 3.1% OF AVAILABLE WORKSPACE)
-                         TIME USED :   .4 SECONDS

6.4. Glossar

ANSI
American National Standards Institute ist eine unabhängige und nichtkommerzielle US-Organisation, die Standards zur Kompatibilität von Produkten auf dem Gebiet der Programmiersprachen, der Datenverarbeitung, sowie der Telekommunikation entwickelt.

ARPANET
Experimentelles Netzwerk für Forschungszwecke zu Beginn der siebziger Jahre. Ursprung des ⇨ Internets. Das ARPANET existiert heute nicht mehr.

Bit/s
Bit pro Sekunde ist ein Maß für die Datenübertragungsgeschwindigkeit.

Browser
Ist allgemein ein Programm zur Informationsdarstellung und Navigation in Informationsräumen, speziell im ⇨ World Wide Web ein Programm, das ⇨ HTML-Dokumente interpretiert und darstellt. Die bekanntesten WWW-Browser sind der Netscape Communicator und Microsoft Internet Explorer.

Domain
Symbolische Verzeichnisstruktur für die Adressierung von Computern im Internet. „top-level domains" sind die Länderkennungen (z.B. „de" für Deutschland), „subdomains" bestimmen die Organisationen und einzelnen Rechner.

Download
Die Übertragung von Daten (Texte, Bilder, Programme etc.) von externen Computern über eine Datenleitung auf den eigenen Rechner.

E-Mail
Electronic Mail (dt.: Elektronische Post) ist ein klassischer Netzwerkdienst. Mit einer E-Mail kann grundsätzlich jede Form der computerisierten Information (Text, Grafik, Dateien, usw.) über ein Netzwerk von Computer zu Computer geschickt werden. ⇨ MIME

Einwahlknoten
Telefonnummer, über die per ⇨ Modem bzw. ⇨ ISDN-Adapter die Verbindung zu einem Online-Dienst hergestellt werden kann. Einwahlknoten sollten möglichst im telefonischen Nahbereich (Ortsgespräch) des Nutzers liegen.

FTP
File Transfer Protokoll ist ein Protokoll für den Austausch von Dateien zwischen zwei Rechnern. Mit dem Begriff sind auch der Internetdienst und die Programme zur Realisierung bezeichnet.

Gopher
Dienst, Protokoll und Programm zur menügesteuerten Erkundung von Internet-Ressourcen. Verliert durch die zunehmende Verbreitung des ⇨ WWW an Bedeutung.

Homebanking
Erledigung der Bankgeschäfte von zu Hause aus, im Moment in Deutschland hauptsächlich über T-Online möglich. Man benötigt für

Homebanking eine Identifikationsnummer (⇨ PIN) und pro Überweisung bzw. gesichertem Bankgeschäft eine Transaktionsnummer (⇨ TAN).

Homepage Haupt- bzw. Leitseite eines Benutzers oder einer Firma im World Wide Web (⇨ WWW).

Host Bezeichnung für einen Computer im Internet.

HTML HyperText Markup Language, ist eine Darstellungssprache zur Erstellung von ⇨ Hypertext-Dokumenten.

Hyperlink Verknüpfung zwischen zwei WWW-Seiten.

Hypertext Hypertext ermöglicht eine Dokumentendarstellung, bei der Stellen in Dokumenten mit Verknüpfungen zu anderen Stellen innerhalb oder außerhalb des Dokuments versehen werden können.

ISDN Integrated Services Digital Network. Digitales Telefonnetz mit einer maximalen Übertragungsgeschwindigkeit von 64.000 Bit/s pro Kanal.

ISDN-Adapter

Externes Gerät oder Steckkarte für einen Computer, zur Anbindung an eine ISDN-Datenübertragungsleitung.

Internet Ein kooperativ betriebenes, weltweit verteiltes und unkontrolliertes System aus miteinander verbundenen Netzwerken, das Informationen auf Basis des ⇨ TCP/IP-Protokoll austauscht.

Java Java ist eine von Sun Microsystems entwickelte Programmiersprache, mit der über das Internet ausführbare Programme (Java Applets) erstellt werden können.

KIT Kernsoftware für intelligente Terminals ist eine grafische Benutzeroberfläche für den Online-Dienst T-Online.

LISREL Linear Structural Relations ist ein Programm zur Analyse allgemeinen linearer Strukturgleichungsmodelle. LISREL wird seit 1970 von Karl G. Jöreskorg und Dag Sörbom an der Universität Uppsala entwickelt. Die aktuelle Version 8 ist sowohl als eigenständiges Programm als auch als Zusatzmodul für ⇨ SPSS verfügbar.

MIME Multipurpose Internet Mail Extensions war ursprünglich eine Erweiterung für E-Mail-Systeme, um multimediale Inhalte übertragen zu können. Im ⇨ World Wide Web wird es verwendet, um unterschiedliche Dateiformate mit WWW-Browsern zu erkennen und korrekt darzustellen zu können. MIME definiert in Hauptgruppen den Datentyp (Graphik, Audio, Video, etc.), in Untergruppen die genaue Art des Typs (z.B. GIF).

Modem Der Modem (Modulator / Demodulator; ugs. meist: Das Modem) ist ein Gerät, das digitale Signale aus dem Computer in analoge Signale für das normale (analoge) Telefonnetz umsetzt und umgekehrt.

Mosaic   Einer der ersten verfügbaren graphischen WWW-Browser. Entwickelt wurde er vom ⇨ NCSA, zuerst nur für X11, später für nahezu alle Plattformen.

NCSA   National Center for Supercomputing Applications, entwickelte u.a. den WWW-Browser Mosaic und den sehr verbreiteten NCSA-WWW-Server, der sich durch seine Geschwindigkeit und Zuverlässigkeit auszeichnet.

PIN   Persönliche Identifikationsnummer ist ein meist vierstelliger Sicherungscode, z.B. als Geheimzahl für Kreditkarten oder ⇨ Homebanking.

Point of Sale   Der Point of Sale (PoS) oder synonym Point of Purchase (PoP) bezeichnet den Ort der Nachfrage oder des Angebots, an dem es zu einem direkten Kontakt zwischen Konsument und (Handels-)Unternehmen kommt.

PPP   Point to Point Protocol ist ein Protokoll, das die IP-Protokollfamilie (⇨ TCP/IP) so kapselt, daß sie über serielle Verbindungen (z.B. ⇨ Modem) verwendbar wird. Siehe auch ⇨ SLIP.

SLIP   Serial Line Internet Protocol ist ein Protokoll, das die IP-Protokollfamilie (⇨ TCP/IP) so kapselt, daß sie über serielle Verbindungen (z.B. ⇨ Modem) verwendbar wird. Wird immer mehr durch das neuere und leistungsfähigere ⇨ PPP ersetzt.

SPSS   Superior Performing Software Systems ist eines der am häufigsten eingesetzte statistische Auswertesystem. Es wurde Mitte der 60er Jahren erstmals unter dem damaligen Namen „Statistical Package for the Social Science" vorgestellt. Die aktuelle Version 7.0 ist für Windows 95 und Windows NT erhältlich.

SSL   Secure Socket Layer ist eine Verschlüsselungsmethode von Netscape, Inc., die zum Einsatz mit allen Protokollen geeignet ist, aber besondere Verbreitung durch den WWW-Browser (⇨ Browser) von Netscape gefunden hat. Es werden alle Daten, also auch Benutzereingaben in WWW-Formularen verschlüsselt übermittelt.

TAN   Die Transaktionsnummer dient der Sicherung von Finanztransaktionen im ⇨ Homebanking (bzw. Online-Banking). Jede TAN ist nur für eine einzelne Transaktion (z.B. Überweisung) gültig und verfällt, sobald sie benutzt wurde. Im T-Online-Banking sind die TANs 6-stellig, die man von seiner Bank erhält.

TCP/IP   Transmission Control Protocol/Internet Protocol bezeichnet die beiden wichtigsten im ⇨ Internet verwendeten Netzwerkprotokolle.

Telnet   Dienst, Protokoll und Programm zur Realisierung verteilten Arbeitens mit virtuellen Terminals, über die der Fernzugang zu Rechnern möglich ist.

URL   Uniform Resource Locator ermöglicht die eindeutige Referenzierung von Internetresourcen bezüglich Zugriffsmethode und Quelle.

Usenet   User Network ist die Menge der Systeme, die miteinander USENET-Nachrichten (NetNews) austauschen.

WWW   World Wide Web (dt.: weltweites Netz, weltweites Gewebe) ist ein verteiltes ⇨ Hypertext-Informationssystem. Dokumente im WWW sind durch ⇨ Hyperlinks miteinander verknüpft, diese können Texte, Bilder, Video- oder Audio-Daten und auch ausführbare Programme enthalten.

Tim Alexander Veyhelmann

Konradstraße 34

79100 Freiburg

Tel: 0761-74615

Geburtsdatum/-ort:	18.08.1967, Freiburg im Breisgau
Familienstand:	ledig

Schulbildung

1973-1977	Loretto-Grundschule in Freiburg
1977-1986	Rotteck-Gymnasium in Freiburg (Abschlußnote: 2,5)

Bundeswehrdienst

07/1986-09/1987

Berufsausbildung

08/1989-07/1991	Ausbildung zum Bankkaufmann bei der Baden-Württembergischen Bank AG in Freiburg mit Abschlußprüfung im Juli 1991 (Note: 1,8)

Studium

10/1987-08/1989	Studium der Physik an der Universität Freiburg
10/1991-11/1997	Aufnahme des Studiums des Wirtschaftsingenieurwesens an der Universität Karlsruhe (TH) mit Studienrichtung »Unternehmensplanung« (Abschlußnote: 2,7)

Wissenschaftliche Ausarbeitungen:

WS 1994/95	Seminar: Bankorganisation und Bankautomation - Die Bankgeschäftsabwicklung in mittleren Banken über hauseigene Informationstechnologien (Note: 2,3)
WS 1995/96	Seminar: Neue Kommunikationswege in veränderten Organisationsstrukturen zur Qualitätssteigerung und Geschäftsprozeßoptimierung - Kommerzielle Systeme, Aufbau und Anwendung (Note: 1,3)
WS 1995/96	Seminar: Multimedia-Systeme - Technologie und Gestaltung (Note: 1,0)
SS 1997	Abgabe der Diplomarbeit mit dem Thema: Bankdienstleistungen in interaktiven Medien - Technische Aspekte und eine empirische Akzeptanzuntersuchung - (Note: 1,7)

Praktikum

05/1995-07/1995	Praktikum bei Business Machine Supply in Trenton (USA), einem Hersteller von Kunststoff-Spritzgußteilen für die Computerindustrie. (Assistent der Geschäftsleitung im Bereich Produktionsplanung/-überwachung)

Berufliche Tätigkeit

Seit 02/98	Angestellter beim Schweizerischen Bankverein in Basel im Bereich Global Service Products. Tätigkeit: Erstellung von Spezial Reporten für Global Custody Kunden.
Sprachkenntnisse	Englisch: Fließend in Wort und Schrift
Computerkenntnisse	Betriebsysteme: MS-DOS, Windows 3.x/95/NT, OS/2, UNIX Programmiersprachen: C, dBASE, Excel (Makro), Modula Standardsoftware: Lotus SmartSuite, MS-Office, StarOffice, SPSS
Berufliche Ziele	Tätigkeit im Bereich der Bankinformatik. Längerer Auslandsaufenthalt im englischsprachigen Raum

Diplomarbeiten Agentur

Die Diplomarbeiten Agentur vermarktet seit 1996 erfolgreich
Wirtschaftsstudien, Diplomarbeiten, Magisterarbeiten, Dissertationen
und andere Studienabschlußarbeiten aller Fachbereiche und Hochschulen.

Seriosität, Professionalität und Exklusivität prägen unsere Leistungen:

- Kostenlose Aufnahme der Arbeiten in unser Lieferprogramm
- Faire Beteiligung an den Verkaufserlösen
- Autorinnen und Autoren können den Verkaufspreis selber festlegen
- Effizientes Marketing über viele Distributionskanäle
- Präsenz im Internet unter **http://www.diplom.de**
- Umfangreiches Angebot von mehreren tausend Arbeiten
- Großer Bekanntheitsgrad durch Fernsehen, Hörfunk und Printmedien

Setzen Sie sich mit uns in Verbindung:

Diplomarbeiten Agentur
Dipl. Kfm. Dipl. Hdl. Björn Bedey –
Dipl. Wi.-Ing. Martin Haschke ——
und Guido Meyer GbR ————

Hermannstal 119 k ————
22119 Hamburg ————

Fon: 040 / 655 99 20 ————
Fax: 040 / 655 99 222 ————

agentur@diplom.de ————
www.diplom.de ————

Diplomarbeiten Agentur

www.diplom.de

- **Online-Katalog**
  mit mehreren tausend Studien

- **Online-Suchmaschine**
  für die individuelle Recherche

- **Online-Inhaltsangaben**
  zu jeder Studie kostenlos einsehbar

- **Online-Bestellfunktion**
  damit keine Zeit verloren geht

**Wissensquellen
gewinnbringend nutzen.**

**Wettbewerbsvorteile
kostengünstig verschaffen.**